मार्टिन लूथर किंग

कुछ प्रमुख जीवनियाँ

ईश्वरचंद्र विद्यासागर
नेपोलियन बोनापार्ट
अमर क्रांतिवीर चंद्रशेखर आजाद
लाला हरदयाल
समाज सुधारक राजा राममोहन राय
आनंदमूर्ति
बेंजामिन फ्रैंकलिन की आत्मकथा
जगदीशचंद्र बसु
लोकमाता अहिल्याबाई
लोकमान्य बाल गंगाधर तिलक
लियोनार्दो द विंची
शिखर भारतीय महिलाएँ
मैडम भीखाजी कामा
प्रथम अंतरिक्ष यात्री यूरी गागरिन
लियो टॉलस्टॉय
आचार्य विनोबा भावे
स्वामी रामदेव
आर्यभट
जननायक अन्ना हजारे
नेल्सन मंडेला
महर्षि अरविंद घोष
कस्तूरबा गांधी
कर्नल जिम कॉर्बेट
मौलाना अबुल कलाम आजाद
होमी जहांगीर भाभा
नेताजी सुभाषचंद्र बोस
भगिनी निवेदिता
भारत कोकिला सरोजिनी नायडू
स्टीफन हॉकिंग
गोपाल कृष्ण गोखले
रवींद्रनाथ टैगोर
स्वामी दयानंद सरस्वती
क्रांतिनायक बिपिनचंद्र पाल
अशफाक उल्ला खाँ
निकोलस कॉपरनिकस
बिरसा मुंडा

मार्टिन लूथर किंग

दिनकर कुमार

प्रकाशक

प्रभात प्रकाशन प्रा. लि.

4/19 आसफ अली रोड, नई दिल्ली–110002

फोन : 011–23289777 • हेल्पलाइन नं. : 7827007777

इ–मेल : prabhatbooks@gmail.com ❖ वेब ठिकाना : www.prabhatbooks.com

संस्करण

2025

मूल्य

तीन सौ रुपए

मुद्रक

नरुला प्रिंटर्स, दिल्ली

———— ★ ————

MARTYN LUTHER KING

A biography by Dinkar Kumar

Published by **PRABHAT PRAKASHAN PVT. LTD.**

4/19 Asaf Ali Road, New Delhi-110002

ISBN 978-93-5048-338-1

₹ 300.00 (PB)

दो शब्द

अमेरिका में सन् 1950 और 1960 के दशक में रंगभेद के खिलाफ मार्टिन लूथर किंग जूनियर की अगुवाई में अहिंसक प्रतिरोध अपनाते हुए जो नागरिक अधिकार आंदोलन चलाया गया था, उसकी दास्तान युगों-युगों तक मानव जाति को प्रेरणा देती रहेगी। इस पुस्तक में मार्टिन लूथर किंग जूनियर के जीवन के विविध पहलुओं पर प्रकाश डाला गया है। नई पीढ़ी के लिए किंग की जीवन-कथा से अवगत होना उपयोगी साबित होगा। इस पुस्तक में बताया गया है कि किस तरह धर्मोपदेशक के नाती एवं पुत्र होने और स्वयं धर्मोपदेशक का पेशा चुनने के बावजूद किंग ने अमेरिका के दक्षिणी और फिर उत्तरी हिस्सों में रंगभेद के खिलाफ अहिंसक आंदोलन चलाते हुए इतिहास की दिशा को मोड़ देने में सफलता हासिल की थी।

किंग का बचपन अटलांटा के अश्वेत बहुल इलाके में स्थित सुखी-संपन्न परिवार में गुजरा था। उन्होंने मोरे हाउस कॉलेज, फ्रोजर थियोलॉजिकल सेमीनरी और बोस्टन विश्वविद्यालय से शिक्षा प्राप्त की। फोरेटा स्कॉट से उनका विवाह हुआ। फिर किंग समय की पुकार को सुनते हुए नागरिक अधिकार आंदोलन के प्रति समर्पित हो गए। महात्मा गांधी के अहिंसक प्रतिरोध को अपना अस्त्र बनाकर उन्होंने रंगभेद और गरीबी की जंजीरों से अश्वेत जनता को मुक्ति दिलाने के लिए

राष्ट्रव्यापी आंदोलन शुरू कर दिया। इस आंदोलन के लिए किंग को अपने जीवन को बलिदान करना पड़ा। इसके बावजूद इन्होंने साबित कर दिखाया कि मानवता को बचाने के लिए हर तरह के संकट को हँसते-हँसते झेला जा सकता है और शासन तंत्र को चुनौती दी जा सकती है। उन्होंने घृणा को प्रेम व भाईचारे से जीतने का प्रयास किया और रंगभेद के समर्थकों का हृदय-परिवर्तन करने पर लगातार जोर देते रहे। ऐसे महामानव की जीवनी सभी वर्ग के पाठकों के लिए निश्चय ही उपयोगी सिद्ध होगी।

अनुक्रमणिका

आधुनिक युग के महामानव डॉ. मार्टिन लूथर किंग

डॉ. मार्टिन लूथर किंग जूनियर आधुनिक युग के एक महत्त्वपूर्ण शख्स थे। उनके विचारों और भाषणों ने जहाँ जनमानस को झकझोरकर रख दिया, वहीं एक पीढ़ी को जागरूक बनाने में भी योगदान दिया। अपने साहस और निस्स्वार्थ समर्पण भाव से उन्होंने जो आंदोलन शुरू किए, उनकी वजह से अमेरिकी समाज की संरचना में महत्त्वपूर्ण बदलाव आए। उन्होंने निष्ठापूर्वक तेरह वर्षों तक जन-अधिकारों के पक्ष में विभिन्न गतिविधियों का संचालन किया। अपने करिश्माई नेतृत्व की क्षमता से उन्होंने देश और दुनिया के स्त्री-पुरुषों, बच्चों, युवाओं और वृद्धों के मन में आशा का संचार किया।

मानवता के प्रति डॉ. किंग की भावना ने अश्वेतों और गरीबों के मन में उम्मीद और स्वाभिमान की रोशनी जलाई। अहिंसक प्रत्यक्ष जन-कार्रवाई के उनके दर्शन और तर्कसंगत तथा रचनात्मक सामाजिक परिवर्तन की उनकी नीतियों ने अमेरिका की चेतना को जगाने का काम किया। उनके विवेक, उनके विचार, उनके कार्य, उनकी प्रतिबद्धता और जीवन के एक नए पथ का उनका सपना अमेरिकी जीवन-अनुभव से उपजे थे।

जन्म एवं परिवार

मार्टिन लूथर किंग जूनियर का जन्म 15 जनवरी, 1929 को दोपहर 501, ऑबर्न एवेन्यू, एन.ई., अटलांटा, जॉर्जिया में हुआ। प्रसव काल के चिकित्सक का नाम डॉ. चार्ल्स जॉनसन था। मार्टिन लूथर किंग जूनियर रेवरेंड मार्टिन लूथर किंग सीनियर एवं एलबेटो विलियम्स किंग के प्रथम पुत्र और दूसरी संतान थे। इस परिवार में क्रिस्टिन और रेवरेंड अल्फ्रेड डेनियल विलियम्स किंग का भी जन्म हुआ।

मार्टिन लूथर किंग जूनियर के नाना का नाम रेवरेंड एडम डेनियल विलयम, इबेनेजर बैपटिस्ट चर्च के सेकंड पेस्टोर और नानी जेनी पार्क्स विलियम्स थीं। उनके दादा का नाम जेम्स अल्बर्ट और दादी का नाम डेलिया किंग था।

मार्टिन लूथर किंग जूनियर का विवाह फोरेटा स्कॉट से 18 जून, 1953 को हुआ। फोरेटा स्कॉट के पिता का नाम ओबेडिया और माता का नाम बर्नीस मेकमरी स्कॉट था। विवाह समारोह का आयोजन स्कॉट परिवार के मेरियन, अलबामा में स्थित घर में हुआ था।

किंग दंपती की चार संतानें हुईं–

योलांदा डेनिस (17 नवंबर, 1955, मोंटगोमरी, अलबामा)
मार्टिन लूथर III (23 अक्तूबर, 1957, मोंटगोमरी, अलबामा)
डेक्स्टर स्कॉट (30 जनवरी, 1961, अटलांटा, जॉर्जिया)
वर्निस अलबर्टीन (28 मार्च, 1963, अटलांटा, जॉर्जिया)

शिक्षा

छह वर्ष की वैधानिक आयु तक पहुँचने से पहले पाँच वर्ष की आयु में मार्टिन लूथर किंग जूनियर ने स्कूली शिक्षा की शुरुआत की। उन्हें अटलांटा के योंग स्ट्रीट एलीमेंटरी स्कूल में दाखिला दिया गया। जब उनकी उम्र का पता चला तो छह वर्ष की आयु पूरी होने तक उन्हें पढ़ाई जारी रखने की अनुमति नहीं दी गई। योंग स्कूल के बाद उन्होंने डेविड टी. हावर्ड एलीमेंटरी स्कूल में पढ़ाई की। उन्होंने अटलांटा यूनिवर्सिटी लेबोरेटरी स्कूल और बुकर टी. वॉशिंगटन हाई स्कूल में भी पढ़ाई की। हाई स्कूल में लाए गए अच्छे अंकों के कारण उन्हें बुकर टी. वॉशिंगटन से औपचारिक ग्रेजुशन किए बिना ही मोरे हाउस कॉलेज में दाखिला मिल गया। नौवीं और बारहवीं कक्षा की पढ़ाई नहीं करने के कारण पंद्रह साल की उम्र में ही उन्हें मोरे हाउस कॉलेज में दाखिला मिल गया। सन्1948 में उन्होंने

मार्टिन के माता-पिता

मोरे हाउस कॉलेज से समाज-शास्त्र में बी.ए. की डिग्री हासिल की। उसी साल उन्होंने चेस्टर, पेनसिल्वेनिया में फ्रोजर थियोलॉजिकल सेमिनरी में दाखिला लिया। फ्रोजर के साथ-साथ उन्होंने पेनसिल्वेनिया विश्वविद्यालय में अध्ययन भी जारी रखा। उन्हें वरिष्ठ कला का अध्यक्ष चुना गया और उन्होंने दीक्षांत समारोह में भाषण भी दिया। सर्वश्रेष्ठ छात्र के रूप में उन्हें 'पेरल प्लाफनर पुरस्कार' दिया गया और अपनी पसंद के किसी विश्वविद्यालय में अध्ययन के लिए उन्हें जे. लेवीस फ्रोजर फेलोशिप मिली। सन् 1951 में फ्रोजर से उन्हें बैचलर ऑफ डिविनिटी डिग्री मिली।

सितंबर 1951 में किंग ने बोस्टन विश्वविद्यालय में थियोलॉजी का अध्ययन शुरू किया। उन्होंने हार्वर्ड विश्वविद्यालय में भी अध्ययन किया। उनका शोधपत्र 'ए कंपेरिजन ऑफ द कॉन्सेप्शंस ऑफ गॉड इन द थिंकिंग ऑफ पॉल टिलिच एंड हेनरी नेल्सन वीमन' 1955 में पूरा हुआ और 5 जून, 1955 को उन्हें पी-एच. डी. की डिग्री प्रदान की गई।

मानद डिग्रियाँ : किंग को अमेरिका एवं अन्य देशों के विभिन्न कॉलेजों और विश्वविद्यालयों की तरफ से कई मानद डिग्रियाँ दी गईं, जिनमें प्रमुख डिग्रियाँ थीं–

1. डॉक्टर ऑफ ह्यूमन लेटर्स, मोरे हाउस कॉलेज
2. डॉक्टर ऑफ लॉज, हार्वर्ड विश्वविद्यालय
3. डॉक्टर ऑफ डिविनिटी, शिकागो थियोलॉजिकल सेमिनरी
4. डॉक्टर ऑफ लॉज, मोर्गन स्टेट विश्वविद्यालय
5. डॉक्टर ऑफ ह्यूमनेरीज, सेंट्रल स्टेट विश्वविद्यालय
6. डॉक्टर ऑफ डिविनिटी, बोस्टन विश्वविद्यालय
7. डॉक्टर ऑफ लॉज, लिंकन विश्वविद्यालय

8. डॉक्टर ऑफ लॉज, ब्रिजपोर्ट विश्वविद्यालय
9. डॉक्टर ऑफ सिविल लॉज, बार्ड कॉलेज
10. डॉक्टर ऑफ लेटर्स, केउका कॉलेज
11. डॉक्टर ऑफ डिविनिटी, वेसलियान कॉलेज
12. डॉक्टर ऑफ लॉज, ज्वीश थियोलॉजिकल सेमिनरी
13. डॉक्टर ऑफ लॉज, चेल विश्वविद्यालय
14. डॉक्टर ऑफ डिविनिटी, स्प्रिंगफील्ड कॉलेज
15. डॉक्टर ऑफ लॉज, होफस्ट्रा विश्वविद्यालय
16. डॉक्टर ऑफ ह्यूमन लेटर्स, ओबरलीन कॉलेज
17. डॉक्टर ऑफ सोशल साइंस, एम्सटर्डम फ्री विश्वविद्यालय
18. डॉक्टर ऑफ डिविनिटी, सेंट पीटर्स कॉलेज
19. डॉक्टर ऑफ सिविल लॉ, न्यू कैसल विश्वविद्यालय
20. डॉक्टर ऑफ लॉज, ग्रीनेल कॉलेज

कर्म जीवन

मार्टिन लूथर किंग जूनियर ने क्रिश्चियन मिनिस्ट्री में प्रवेश किया और उन्नीस वर्ष की उम्र में, फरवरी 1948 में उन्हें अटलांटा (जॉर्जिया) में स्थित एबेनेजर बैपटिस्ट चर्च में नियुक्त किया गया। उन्हें एबेनेजर बैपटिस्ट चर्च में सहायक पेस्टर के पद पर नियुक्त किया गया। बोस्टन विश्वविद्यालय में अपना अध्ययन पूरा कर लेने के बाद उन्होंने अलबामा के मोंटगोमरी में स्थित डेक्सटर एवेन्यू बैपटिस्ट चर्च का आमंत्रण स्वीकार कर लिया। वह सितंबर 1954 से नवंबर 1959 तक डेक्स्टर एवेन्यू बैपटिस्ट चर्च में पेस्टर के पद पर रहे। वहाँ से त्यागपत्र देकर वह 'आउबर्न क्रिश्चियन लीडरशिप कॉन्फ्रेंस की गतिविधियों का संचालन करने के लिए अटलांटा चले गए। वर्ष 1960 से अंतिम समय 1968 तक वह एबेनेज़र बैपटिस्ट चर्च में अपने पिता के सहायक पेस्टर रहे।

डॉ. किंग जन-अधिकार आंदोलन की प्राण-शक्ति थे। उन्हें मोंटगोमरी इंप्रूवमेंट एसोसिएशन का अध्यक्ष चुना गया। इसी संस्था की अगुवाई में सन् 1955 से 1956 तक (381 दिन) 'मोंटगोमरी बस बहिष्कार अभियान' सफलतापूर्वक चलाया गया था। जन-अधिकार आंदोलन में भागीदारी के चलते डॉ. किंग को

तीस बार गिरफ्तार किया गया। 1957 से 1968 तक वह 'आउबर्न क्रिश्चियन लीडरशिप कॉन्फ्रेंस' के संस्थापक अध्यक्ष थे। वह नेशनल संडे स्कूल और नेशनल बैपटिस्ट कन्वेंशन की बैपटिस्ट टीचिंग यूनियन कांग्रेस के उपाध्यक्ष थे। वह कई राष्ट्रीय एवं स्थानीय बोर्डों के निदेशक और कई संस्थाओं तथा एजेंसियों के ट्रस्टी भी थे। उन्हें अमेरिकन एकेडमी ऑफ आर्ट्स एवं साइंसेज सहित कई प्रसिद्ध संस्थाओं ने अपना सदस्य चुना था।

सम्मान

जन-अधिकार आंदोलन का नेतृत्व करने के लिए डॉ. किंग को कई सम्मान मिले, जिनमें प्रमुख सम्मान इस प्रकार थे-

- 1957 में टाइम पत्रिका ने उन्हें दस महत्त्वपूर्ण व्यक्तित्व में एक व्यक्तित्व के रूप में चुना।
- 1957 में अमेरिका की हू इज हू सूची में शामिल किए गए।
- 1957 में एन.ए.ए.सी.पी. की तरफ से स्पिंगटन मैडल मिला।
- 1957 में नेशनल न्यूजपेपर्स पब्लिशर्स की तरफ से रसवर्म पुरस्कार प्रदान किया गया।
- 1958 में न्यूयॉर्क के पुलिस विभाग के अभिभावक संघ की तरफ से द्वितीय वार्षिक उपलब्धि पुरस्कार प्रदान किए गए।
- 1959 में 'लिंग' पत्रिका के संसार के सोलह सर्वाधिक प्रभावशाली जननेता की सूची में एक जननेता के रूप में चुना।
- 1963 में 'टाइम' पत्रिका ने वर्ष का सर्वश्रेष्ठ व्यक्ति घोषित किया।
- सन् 1963 में लाउंड्री ड्राईक्लिनिंग एंड डाई वर्कर्स इंटरनेशनल यूनियन ने 'दशक का सर्वश्रेष्ठ अमेरिकी' का खिताब प्रदान किया।
- 1964 में यूनाइटेड फेडरेशन ऑफ टीचर्स की तरफ से जॉन डेवी पुरस्कार मिला।
- 1964 में कैथोलिक इंटरटेशियल काउंसिल ऑफ शिकागो की तरफ से जॉन एफ. केनेडी पुरस्कार मिला।
- 1964 में 35 वर्ष की आयु में नोबेल शांति पुरस्कार मिला। इतनी कम आयु में यह सम्मान पहले किसी को नहीं मिला था और यह सम्मान पानेवाले वह दूसरे अमेरिकी तथा तीसरे अश्वेत नागरिक थे।
- 1968 में जमैका की सरकार ने मरणोपरांत मानवाधिकारों के लिए मार्कस

गारवी पुरस्कार प्रदान किया।

- 1968 में आउबर्न क्रिश्चियन लीडरशिप कॉन्फ्रेंस ने मरणोपरांत रोजा एल पार्क्स पुरस्कार प्रदान किया।

पुस्तकें

डॉ. किंग अपने परिवार, चर्च, सदर्न क्रिश्चियन लीडरशिप कॉन्फ्रेंस, शांति और न्याय के लिए आंदोलन, विदेश यात्रा एवं भाषण के विभिन्न कार्यक्रमों में व्यस्त रहते थे। इसके बावजूद उन्होंने छह पुस्तकें और अनगिनत निबंध लिखे थे। उनकी पुस्तकों के नाम इस प्रकार हैं–

1. स्ट्राइटू डवार्ड फ्रीडम (न्यूयॉर्क : हार्पर एंड रो, 1958) मोंटगोमरी बस बहिष्कार की दास्तान।
2. द मीजर ऑफ ए मैन (फिलाडेल्फिया : पिलग्रिम प्रेस, 1959) विचारों का संकलन।
3. ह्वाई वी बैनोट वेट (न्यूयॉर्क : हार्पर एंड रो, 1963) बर्मिंघम अभियान की दास्तान।
4. स्ट्रेंग्थ टु लव (न्यूयॉर्क : हार्पर एंड रो, 1963) विचारों का संकलन।
5. हेयर डू वी गो फ्रॉम हेयर : चाओज ऑर कम्युनिटी? (न्यूयॉर्क : हार्पर एंड रो, 1967), वर्तमान विश्व की समस्याओं, परमाणविक प्रतिस्पर्धा आदि से संबंधित विचार।
6. द ट्रंपेट ऑफ कॉन्शियस (न्यूयॉर्क : हार्पर एंड रो, 1968) भाषणों का संकलन।

मृत्यु

डॉ. किंग की हत्या 5 अप्रैल, 1968 को गोली मारकर उस समय कर दी गई, जब वह टेनिसी के मेंफिस में स्थित लोराइन मोटल की बालकनी में पड़े थे। डॉ. किंग मेंफिस में सफाई कर्मचारियों के प्रतिरोध आंदोलन में मदद करने के लिए पहुँचे थे, जो कम वेतन और नारकीय कार्यस्थल के माहौल का विरोध जता रहे थे। डॉ. किंग की हत्या के आरोप में जेम्स अर्ल रे को 8 जून, 1968 को लंदन में गिरफ्तार किया गया और अदालत ने उसे 99 वर्ष के कारावास की सजा सुनाई।

8 दिसंबर, 1999 को मेंफिस में मुकदमे का फैसला सुनाते हुए बारह सदस्यीय जूरी ने डॉ. किंग की हत्या की साजिश के लिए लॉयड जोवर्स और कई सरकारी एजेंसियों को दोषी करार दिया।

9 अप्रैल, 1968 को डॉ. किंग की अंत्येष्टि हुई। एबेनेजर बैपटिस्ट चर्च और मोरे हाउस कॉलेज परिषद् में शोकसभा का आयोजन किया गया। अमेरिका के राष्ट्रपति ने एक दिन का राष्ट्रीय शोक घोषित किया और राष्ट्रीय झंडे को झुका दिया गया।

□

इनसानियत के प्रति समर्पित जीवन

अचानक गोली चलने की आवाज सुनाई पड़ी। सड़क के दूसरे किनारे पर स्थित किराए के घर की तरफ से यह आवाज आई थी। एक गवाह के अनुसार, 'यह आवाज डायनामाइट फटने की तरह थी।' दूसरे गवाह ने उस आवाज की तुलना पटाखे से की थी। आवाज सुनते ही डॉ. किंग के तमाम सहयोगी खतरे की आशंका महसूस करते हुए घटनास्थल पर पहुँच गए। 30.6 राइफल से चलाई गई गोली डॉ. किंग की गरदन में घुसी थी, जिसकी वजह से दाएँ जबड़े का निचला हिस्सा और रीढ़ की हड्डी क्षतिग्रस्त हो गई थी। गोली लगते ही वह पीछे की दीवार की तरफ गिर पड़े थे। गिरने से पहले उन्होंने हाथों से सिर को थाम लिया था।

उनके सहयोगियों ने तौलिए से खून का बहाव रोकने का प्रयास किया। 30 पुलिसकर्मी घटनास्थल पर पहुँच गए, मगर वे हत्यारे को पकड़ नहीं पाए, क्योंकि फौरन उन्होंने सामने के मकान की तलाशी नहीं ली थी। उस मकान से एक रेमिंगटन पंप एक्शन राइफल, दूरबीन और एक सूटकेस बरामद किया गया।

गोली लगने के एक घंटे बाद 39 वर्षीय डॉ. मार्टिन लूथर किंग जूनियर की मौत मेंफिस के सेंट जोसफ अस्पताल के आपातकालीन कक्ष में हो गई। मृत्यु से पहले उनके सहयोगी उनके मुँह से कोई आखिरी संदेश सुनना चाहते

थे; मगर गोली लगने के बाद वे होश खो बैठे थे। हलकी सी 'ओह' की आवाज आखिरी बार उनके मुँह से निकली थी। उन्हें किसी तरह का संदेश देने की जरूरत नहीं थी। चूँकि अपने जीवन से उन्होंने दुनिया को जो संदेश दिया, वैसा संदेश लाखों शब्दों के जरिए भी नहीं दिया जा सकता था।

अटलांटा के पास मध्य वर्गीय लोगों की बस्ती वाइन सिटी में स्थित किंग परिवार के घर में मौजूद डॉ. किंग की पत्नी फोरेटा किंग को डॉ. किंग के घायल होने की सूचना भेजी गई। जन-अधिकार आंदोलन के नेता और अटलांटा के मेयर इवान एलेन ने फोन के जरिए यह सूचना दी थी। मेयर ने फोरेटा किंग को मेंफिस जाने के लिए हवाई यात्रा का भी इंतजाम कर दिया था; मगर हवाई अड्डा पहुँचने से पहले ही उन्हें अपने पति की मौत की दर्दनाक खबर मिल गई। लंबे समय से वह इस तरह के हादसे को लेकर आशंकित थीं। लेकिन जब सचमुच डॉ. किंग की हत्या की खबर आई तो उनके लिए अपने आपको सँभालना मुश्किल हो गया। उन्होंने शालीनता के साथ अपने पति की मृत्यु की खबर का सामना किया।

डॉ. किंग के प्रति श्रद्धा व्यक्त करनेवाली जनता जज्बाती हो रही थी। जीते-जी उनके प्रति विरोध जतानेवाले भी अब मातम मना रहे थे। उनके शव को मेंफिस के अंत्येष्टि गृह में रखा गया था। उनके विरोधी भी अपने आँसू रोक नहीं पा रहे थे। कुछ लोग उन्हें चूम रहे थे या आदर के साथ उनका स्पर्श कर रहे थे। महिलाएँ बेसुध होकर रो रही थीं। कोई विश्वास नहीं कर पा रहा था कि उनका सबसे प्रिय व्यक्ति इस तरह अचानक संसार से विदा ले सकता था।

जीवन के अंत में डॉ. किंग को इस बात का संतोष था कि उन्होंने अपने कर्तव्य का ठीक से पालन किया था और एक ऐसा अनुकरणीय जीवन जीकर दिखा दिया था, जिसे आनेवाली पीढ़ियाँ हरगिज नहीं भूलने वाली थीं। उन्होंने एक बार कहा था, "जिंदगी का मूल्यांकन जिए गए सालों से नहीं, किए गए कार्यों के आधार पर होना चाहिए।" उन्होंने यह भी कहा था, "किसी राष्ट्र की आत्मा को बचाने के लिए शुरू किए गए आंदोलन में जान न्योछावर कर देना साहस की बात हो सकती है।"

ऐसा लगता था मानो भविष्य के हादसे का पूर्व संकेत उनके अवचेतन मन में मौजूद था और अपने जीवन की सुरक्षा को लेकर वे जरा भी चिंतित नहीं थे। मृत्यु से एक दिन पहले उन्होंने कहा था, "मैं नहीं जानता कि अब क्या होगा।

आनेवाले समय में हमें कुछ कठिनाइयों का सामना करना पड़ सकता है। लेकिन मैं कठिनाइयों से विचलित होने वाला नहीं हूँ, क्योंकि मैं अब पर्वत के शिखर पर हूँ।

अन्य लोगों की तरह मैं भी लंबा जीवन जीना चाहता हूँ। दीर्घ जीवन की अपनी अहमियत होती है। मगर मुझे अभी इन बातों की चिंता नहीं है। मैं ईश्वर के कार्य को पूरा करना चाहता हूँ।"

उनतालीस साल की उम्र में ही सार्वजनिक जीवन के चरम पर पहुँचे डॉ. किंग की इहलीला एक हत्यारे की गोली से क्यों समाप्त कर दी गई और विश्व के इतिहास में उनकी हत्या को सर्वाधिक त्रासद घटनाओं में से एक क्यों माना गया, इन सवालों का जवाब हमें उनकी जीवन-कथा से ही मिल सकता है। इस तरह का त्रासद अंत हमें डॉ. किंग की जीवन-कथा की पड़ताल करने के लिए विवश करता है।

सन् 1929 में अटलांटा में किंग का जन्म हुआ। उनके पिता और दादा अश्वेतों को बराबरी का हक दिलाने के लिए संघर्ष कर रहे थे। उनके दादा ए. डी. विलियम्स नेशनल एसोसिएशन फॉर दि एडवांसमेंट ऑफ कलर्ड पीपुल (एन.ए.ए.पी.सी.) की जॉर्जिया शाखा के प्रमुख थे। उनके पिता मार्टिन लूथर किंग सीनियर ने अश्वेत शिक्षकों को समान वेतन दिलाने के लिए संघर्ष किया और बालक किंग को न्याय के लिए जूझने की प्रेरणा दी।

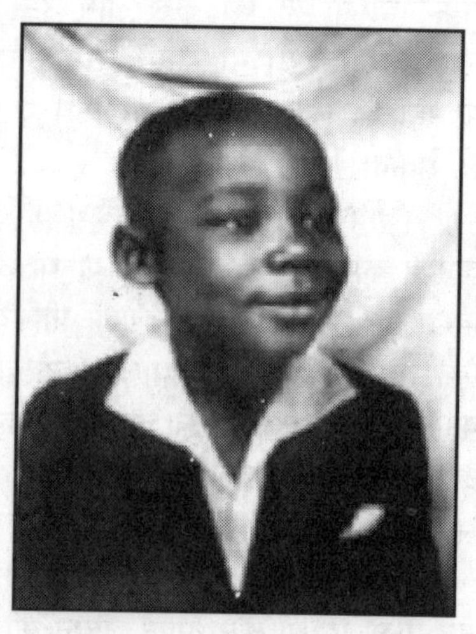

बालक मार्टिन

बचपन में उनका नाम माइकल लूथर किंग था और उनके पिता का भी यही नाम था। उनके पिता ने प्रोटेस्टेंट सुधार आंदोलन के नेता के सम्मान में अपना और अपने पुत्र का नाम बदलकर 'मार्टिन' रख लिया।

जहाँ किंग का जन्म हुआ उस स्थान का नाम आउबर्न एवेन्यू है, जो अश्वेतों का इलाका माना जाता रहा है। वहाँ कई अश्वेत व्यवसायी और नौकरीपेशा लोग रहते थे। रेवरेंड मार्टिन लूथर किंग सीनियर एबेनेजर बैपटिस्ट चर्च

और आउबर्न एवेन्यू के पेस्टर थे।

अटलांटा के पब्लिक स्कूल में किंग ने आरंभिक शिक्षा प्राप्त की। बचपन में ही उन्होंने हिंसा के प्रति विरोध का भाव दरशाया था, जिससे उनके भावी जीवन की पूर्व सूचना मिल गई थी। अहिंसा के सिद्धांत को अच्छी तरह समझने से पहले ही वे जीवन में गांधीवादी तरीके से बरताव करने लगे थे। अगर स्कूल में कोई सहपाठी उन्हें थप्पड़ मारता था तो वह बदले में उसे थप्पड़ नहीं मारते थे। एक दुकान में एक श्वेत महिला ने उन्हें तमाचा मार दिया और बोली, "तुम काले हो और तुमने मेरे पाँव पर पाँव रख रख दिया।" किंग उस समय भी चुप रहे। भले ही उन्होंने मन में अपमान की पीड़ा को महसूस किया, मगर अपने संयम को बनाए रखा। तिरस्कार झेलने के बावजूद वह अपनी आंतरिक शक्ति को बिखरने नहीं देते थे। जब वह चुप रहते थे तब उनका अंतर्मन सुलगता रहता था। तिरस्कार सहने पर उनकी आँखों से आँसू भले ही छलक आते थे, मगर वह रोते नहीं थे। उनकी दादी ने कहा था कि "शांत व्यक्तित्व के भीतर सदैव आग की लपटें उठती रहती हैं।" यह वैसी आग थी, जो पूरी दुनिया को राख करने का माद्दा रखती थी।

कम उम्र में ही किंग की सामाजिक शिक्षा की शुरुआत हो गई थी। जब वह आठ साल के थे, तभी एक ऐसी घटना घटी थी जिसका उनके जीवन पर गहरा प्रभाव पड़ा था। उनके पिता उन्हें जूते खरीदने के लिए अटलांटा के फाइव पॉइंट्स डिपार्टमेंटल स्टोर में ले गए थे। दोनों स्टोर के भीतर बैठ गए थे। तभी दुकान का श्वेत कर्मचारी उनके पास आया और बोला, "बेहतर होगा कि आप लोग पीछे की तरफ कुरसियों पर बैठकर अपनी बारी का इंतजार करें।"

"यहाँ बैठने में कोई परेशानी नहीं है।' किंग के पिता ने कहा।

"आपको पीछे बैठने के लिए जाना ही होगा।" कर्मचारी ने कहा।

"हम यहीं बैठकर जूते खरीदेंगे, नहीं तो इस दुकान से जूते नहीं खरीदेंगे।" इतना कहकर पिता ने बेटे का हाथ थामा और गुस्से में दुकान से बाहर निकल गए।

इस घटना के जरिए किंग ने महसूस किया कि दक्षिण के समाज में किस तरह श्वेतों का बोलबाला था और किस तरह अश्वेतों को रंगभेद का सामना करना पड़ता था। इस घटना ने उनके कोमल मन पर गहरा प्रभाव डाला और इसी के आधार पर उनके भावी जीवन की दिशा भी निर्धारित हो गई। इस घटना ने उनके मन में चिंगारी पैदा कर दी।

एक दूसरे अवसर पर जब किंग अपने पिता के साथ कार में बैठकर जा रहे थे तब एक श्वेत पुलिस अधिकारी ने कार रोकी और किंग के पिता से कहा, "ठीक है लड़के, तलाशी लेने दो।" पिता को अपने पुत्र के सामने पुलिस अधिकारी के मुँह से अपमानजनक लहजा सुनकर शर्म महसूस हुई और गुस्सा भी आया।

पिता ने कहा, "यह लड़का है। मैं एक अधेड़ आदमी हूँ। दोनों संबोधन में फर्क है। अब बताओ, मुझे क्या करना है?"

एक बार किंग ने लिखा था – "जहाँ तक मुझे याद आता है, मेरे मन में नस्लभेद के खिलाफ असंतोष था। जब मैं स्कूल में भी नहीं पहुँचा था, उसी समय रंगभेद के बारे में मैं जान चुका था। तीन या चार वर्षों तक मेरे सहपाठियों में दो श्वेत लड़के शामिल थे, जिनके माता-पिता अटलांटा में हमारे घर के सामने दुकान चलाते थे। तभी उनके बरताव में बदलाव आने लगा। जब मैं सड़क पार कर उनसे मिलने के लिए जाता तो उनके माता-पिता कहते थे कि वे मेरे साथ नहीं खेल सकते थे। उनका रवैया शत्रुतापूर्ण नहीं था, मगर वे झूठे बहाने बनाते थे। आखिरकार, मैंने अपनी माँ से इसके बारे में पूछा।"

उनकी माता ने उन्हें समझाने का प्रयास किया कि रंगभेद मनुष्यों ने पैदा किया था और ऐसी व्यवस्था अधिक दिनों तक टिकने वाली नहीं थी। फिर अन्याय की पीड़ा को कम करने के लिए अन्य अश्वेत लोगों की तरह माँ ने उन्हें तसल्ली देने की कोशिश की, "तुम दूसरों के मुकाबले किसी भी मामले में कमतर नहीं हो।"

किशोरावस्था में पहुँचने पर किंग ने देखा कि किस तरह अश्वेत जनता पर श्वेत लोग जुल्म ढा रहे थे। रात के अँधेरे में अश्वेतों के घरों पर हमले किए जाते थे। अदालतों में अश्वेतों को इनसाफ नहीं मिल पाता था। हालाँकि किंग का जन्म जिस परिवार में हुआ था, उसमें उन्हें कभी अभाव की स्थिति का सामना नहीं करना पड़ा था। लेकिन वे अपने अश्वेत मित्रों की बदहाली देखकर मर्माहत हो उठते थे। रंगभेद पर आधारित समाज-व्यवस्था उन्हें परेशान करती थी और अपने पिता की तरह उन्होंने कभी इस व्यवस्था के सामने सिर नहीं झुकाया। युवावस्था में एक फैक्टरी में कार्य करते समय किंग ने देखा कि गरीब अश्वेत मजदूरों के साथ ही गरीब श्वेत मजदूरों का भी शोषण किया जा रहा था। उन्होंने महसूस किया कि नस्लगत भेद भाव और आर्थिक भेदभाव के बीच गहरा रिश्ता था।

छह साल की उम्र में उनका दाखिला पब्लिक स्कूल में करवाया गया और

बाद में अटलांटा यूनिवर्सिटी के एक प्राइवेट लेबोरेटरी स्कूल में भरती किया गया। सन् 1941 में वह बुकर टी वॉशिंगटन हाई स्कूल में पढ़ाई करने लगे। उन्हें प्रतिभाशाली छात्र माना जाता था और शिक्षकगण मेहनती, ऊर्जावान् कहकर उनकी प्रशंसा करते थे। 1942 में नौवीं कक्षा की पढ़ाई करने की जगह वह सीधे दसवीं कक्षा में पहुँच गए।

उनका बचपन अश्वेतों के मोहल्ले में गुजरा था, जहाँ उनका परिवार सबके लिए प्रमुख सहारा माना जाता था। उनके पिता सिटीजंस ट्रस्ट कंपनी के बोर्ड सदस्य थे, जो उस समय फेडरल रिजर्व प्रणाली के तहत अश्वेतों के अधीन एकमात्र बैंक था। इसके अलावा उनके पिता अटलांटा विश्वविद्यालय, मोरे हाउस कॉलेज और नेशनल बैपटिस्ट कन्वेंशन की प्रबंधन समितियों के सदस्य थे। जन-अधिकारों के पक्ष में आवाज बुलंद करने की वजह से किंग के पिता और उनके परिवार को लगातार धमकियाँ मिलती थीं।

किंग जैसे-जैसे बड़े होते गए, वे समझने लगे कि एक अश्वेत व्यक्ति के रूप में पैदा होना किस कदर पीड़ादायक अनुभव हो सकता था। भले ही अश्वेत समुदाय के बीच उनके परिवार की प्रतिष्ठा थी, लेकिन रंगभेद के देश को वे गहराई के साथ महसूस कर रहे थे।

हाई स्कूल के अंतिम वर्ष में अध्ययन करते समय उन्होंने डॉक्टर बनने के बारे में सोचा था, हालाँकि चिकित्सा के पेशे के प्रति उनका शुरू से लगाव नहीं रहा था। वे भाषण देकर पुरस्कार जरूर जीतते रहे थे।

सितंबर 1944 में पंद्रह साल की उम्र में किंग ने अपने परिवार की परंपरा का पालन करते हुए मोरे हाउस कॉलेज में दाखिला लिया। यह अश्वेतों की शैक्षणिक संस्था थी, जहाँ छात्रों और अध्यापकों की बेबाकी किंग को पसंद आई। उन्होंने कहा कि जीवन में पहली बार उन्हें महसूस हुआ कि वहाँ कोई भी भयभीत नजर नहीं आ रहा था।

कॉलेज के अध्यक्ष डॉ. बेंजामिन ई. मेचीस ने उन दिनों को याद करते हुए बताया, "मार्टिन संतुलित और परिपक्व छात्र थे। कम आयु में ही जीवन और उससे जुड़ी समस्याओं को वह समझने लगे थे।"

उन्होंने समाज-शास्त्र विषय में प्रभावशाली अंकों के साथ स्नातक की पढ़ाई पूरी की। उनके पिता उन्हें धर्म-शास्त्र की शिक्षा प्रदान करने के पक्ष में थे। किंग चिकित्सा-शास्त्र या कानून की पढ़ाई करना चाहते थे। उन्होंने कहा, "मुझे संदेह था कि धर्म का अध्ययन बौद्धिक रूप से सही हो सकता है। मैंने धर्म से जुड़े

भावुकतावाद का विरोध जताया था। मुझे चिल्लाना या आडंबर करना पसंद नहीं था। मैं इन बातों को समझ नहीं पाता था और मुझे शर्म महसूस होती थी।" मोरे हाउस कॉलेज में किंग सामाजिक दर्शन के लिए किसी बौद्धिक आधार की तलाश कर रहे थे। उन्होंने थोरो की पुस्तक 'सिविल डिसओबिडिएंस' को कई बार पढ़ा और इस नतीजे पर पहुँचे कि सामाजिक प्रतिरोध के विचारों को वह धर्म संगठन के ढाँचे में रहकर कारगर तरीके से आजमा सकते थे। मोरे हाउस कॉलेज में वह जिन लोगों के संपर्क में आए, उनसे भी उन्हें काफी कुछ सीखने का मौका मिला था। कॉलेज के अध्यक्ष डॉ. बेंजामिन ई. मेचीस और धर्म-शास्त्र विभाग के निदेशक डॉ. जॉर्ज डी. केलसी के विचारों का उन पर गहरा प्रभाव पड़ा था। इन दोनों व्यक्तियों के प्रभाव से किंग ने धर्म-शास्त्र का अध्ययन करने का मन बनाया। उन्होंने अपने माता-पिता को इस निर्णय के बारे में बता दिया। माता-पिता के आशीर्वाद से उन्हें अठारह वर्ष की उम्र में बैपटिस्ट चर्च में एक ओहदा प्रदान किया गया।

स्नातक की पढ़ाई करने के अलावा उन्होंने चेस्टर में स्थित फ्रोजर थियोलॉजिकल सेमिनरी में भी दाखिला ले लिया। वहाँ 100 छात्रों में 6 छात्र अश्वेत थे, जिनमें किंग भी एक थे। उन्हें डर था कि श्वेतों की कसौटी पर कहीं नाकाम न होना पड़े। इसलिए उन्होंने जी-जान से मेहनत की। अपनी पढ़ाई जारी रखने के साथ-साथ किंग महान् दार्शनिकों और विचारकों की पुस्तकों का अध्ययन भी करते रहे थे। उन्होंने प्लेटो, अरस्तू, रूसो, लौफे और हेगेल की पुस्तकों का अध्ययन किया। महात्मा गांधी से संबंधित लेखों को वे ध्यान से पढ़ते थे। "प्रतिरोध करने की प्रेरणा मुझे बाइबिल और जीसस से मिली।" किंग ने कहा था और फिर अपनी बात पूरी करते हुए बोले थे, "प्रतिरोध के तरीके मैंने महात्मा गांधी से सीखे थे।"

हार्वर्ड विश्वविद्यालय के अध्यक्ष डॉ. मोरडेफाई जॉनसन का एक भाषण सुनने के बाद किंग महात्मा गांधी के विचारों की तरफ आकर्षित हुए थे। भाषण सुनने के बाद गांधी दर्शन संबंधी पुस्तकों का उन्होंने अध्ययन किया। गांधी के विचारों को पढ़ने से पहले उनके मन में इस बात को लेकर संदेह था कि प्रेम की शक्ति का इस्तेमाल समाज-परिवर्तन के लिए किया जा सकता है। इसी तरह गांधी के विचारों को पढ़ने से पहले उन्हें जीसस की इस नसीहत पर भरोसा नहीं था कि एक गाल पर थप्पड़ मारनेवाले के सामने दूसरा गाल बढ़ा देने से टकराव को टाला जा सकता है। गांधीजी मानते थे कि जंग जीतने के लिए अहिंसा

या सत्याग्रह को सत्य की शक्ति में रूपांतरित करने की जरूरत थी। गांधीजी के विचारों को पढ़ने के बाद वे इस नतीजे पर पहुँचे कि स्वतंत्रता और सामाजिक न्याय के लिए वंचितों की लड़ाई में अहिंसक प्रतिरोध सर्वश्रेष्ठ हथियार हो सकता था। उन्हें भावी जीवन की स्पष्ट दिशा मिल गई थी।

फ्रोजर थियोलॉजिकल सेमिनरी में अध्ययन करते समय उन्होंने रौसनबाख की पुस्तक 'क्रिश्चियनिटी एंड द सोशल क्लास' पढ़ी। उस पुस्तक को पढ़ने के बाद वह इस नतीजे पर पहुँचे कि अगर कोई धर्म मनुष्य की आत्मा की चिंता करता है, मगर उसकी आर्थिक व सामाजिक स्थिति की चिंता नहीं करता तो वह अच्छा धर्म नहीं है।

फ्रोजर में पढ़ाई के दौरान जब उन्होंने अश्वेतों को बराबरी का हक हासिल करने के लिए आवाज बुलंद करते हुए देखा तो उन्हें गर्व महसूस हुआ। फ्रोजर में किंग को असाधारण छात्र समझा जाता था। अपनी कक्षा में वह अव्वल रहे थे। उनका उल्लेख सेमिनरी के श्रेष्ठ छात्र के रूप में किया गया और उन्हें छात्र संगठन का अध्यक्ष चुना गया। वे प्रथम अश्वेत छात्र थे, जिन्हें ऐसा सम्मान मिला था।

सन् 1951 में किंग ने फ्रोजर से स्नातक की पढ़ाई पूरी की। सर्वश्रेष्ठ छात्र होने के नाते उन्हें 'प्लाफनर पुरस्कार' प्रदान किया गया। इसके अलावा उन्हें 1,200 डॉलर की 'जे फ्रोजर छात्रवृत्ति' प्रदान की गई, जिसकी सहायता से वे अपनी पसंद से किसी भी विश्वविद्यालय में पढ़ाई कर सकते थे। उसी वर्ष सितंबर महीने में वह बोस्टन यूनिवर्सिटी चले गए।

उन्होंने बोस्टन यूनिवर्सिटी से पी-एच.डी. की डिग्री हासिल की। वहाँ पढ़ाई करते समय उनकी मुलाकात फोरेटा स्कॉट नामक युवती से हुई और उन्हें प्यार हो गया। फोरेटा अलबामा के मेरियन की रहनेवाली थी। फोरेटा के आकर्षक व्यक्तित्व ने किंग को मुग्ध कर दिया था।

किंग और फोरेटा घर से दूर रहकर पढ़ाई कर रहे थे और दोनों को ही दक्षिण में एक जैसे विषम सामाजिक जीवन का अनुभव हुआ था। बचपन में फोरेटा को 5 मील पैदल चलकर अश्वेतों के लिए बने एक कमरे ?वाले स्कूल तक पहुँचना पड़ता था। रास्ते में वह एक स्कूल की बस को देखती थी, जो श्वेत बच्चों को लेकर धूल उड़ाती हुई श्वेतों के लिए बने खास स्कूल की तरफ जाती थी। बचपन में ही वह हालात को बदलने के लिए कुछ करना चाहती थी और इस नतीजे पर पहुँची थी कि उच्च शिक्षा हासिल करके ही बदलाव की दिशा में कदम बढ़ाया जा सकता था। वह उच्च शिक्षा हासिल करने का संकल्प

ले चुकी थी। उसने मेरियन के लिंकन स्कूल से स्नातक की पढ़ाई पूरी की। एक छात्रवृत्ति लेकर उसने ओहियो के एंटीयोक कॉलेज में दाखिला लिया। वहाँ पाँच अश्वेत विद्यार्थियों में वह भी एक थी। एंटीयोक कॉलेज से शिक्षा पूरी करने के बाद फोरेटा ने संगीत की शिक्षा प्राप्त करने के लिए छात्रवृत्ति की मदद से न्यू इंग्लैंड कंजरवेटरी ऑफ म्यूजिक में दाखिला लिया। वह गायन का प्रशिक्षण ले रही थी। संगीत की प्रतिभा के सहारे वह गायन के क्षेत्र में कैरियर बनाना चाहती थी।

फोरेटा को जो छात्रवृत्ति मिल रही थी, उससे सिर्फ ट्यूशन फीस का प्रबंध हो रहा था। रहने और खाने का खर्च जुटाने के लिए उसे हाउसकीपिंग का काम करना पड़ता था। एक दुबली-पतली लड़की को कठोर मेहनत करनी पड़ रही थी। लेकिन गायिका बनने का ख्वाब आँखों में सँजोकर वह हिम्मत के साथ संघर्ष करने में जुटी थी।

एक मित्र मेरी पॉवेल ने किंग और फोरेटा की जान-पहचान करवाई। आरंभिक मुलाकातों में ही दोनों एक-दूसरे की तरफ आकर्षित होते गए। शुरुआती मुलाकात को याद करते हुए फोरेटा ने कहा, "पहले तो मुझे लगा कि वह दूसरे धर्मोपदेशकों के समान ही होंगे, लेकिन बाद में पता चला कि वह कितने अनूठे थे। 18 जून, 1953 को दोनों का विवाह हुआ। विवाह समारोह अलबामा में स्थित फोरेटा के निवास-स्थान पर आयोजित किया गया था। विवाह अनुष्ठान को वर के पिता मार्टिन लूथर किंग सीनियर ने संपन्न करवाया। हनीमून से दोनों बोस्टन यूनिवर्सिटी लौट आए। जून 1954 में श्रीमती किंग ने न्यू इंग्लैंड कंजरवेटरी ऑफ म्यूजिक में अपनी पढ़ाई पूरी की।

श्रीमती किंग अपने पति के मुँह से भविष्य की योजनाओं के बारे में सुनती थीं। किंग शोषितों व वंचितों की बदहाली से दुःखी थे और उनकी भलाई के लिए कार्य करना चाहते थे। सामाजिक न्याय के क्षेत्र में कार्य करने के लिए श्रीमती किंग अपने पति से प्रेरित हुईं। इस तरह श्रीमती किंग ने गायिका के रूप में कैरियर सँवारने का अपना इरादा छोड़ दिया और आम आदमी की सेवा से जुड़े कार्यों में अपने पति की मदद करने में जुट गईं।

पच्चीस साल की उम्र में ही किंग दायित्व निभाने के लिए तैयार हो गए थे। पेस्टर पद के लिए दो प्रस्ताव उनके पास आए। एक प्रस्ताव डेक्स्टर एवेन्यू बैपटिस्ट चर्च, मोंटगोमरी, अलबामा से आया था और दूसरा प्रस्ताव एक बड़े विश्वविद्यालय से आया था। उन्होंने मोंटगोमरी के प्रस्ताव को स्वीकार किया।

सन् 1954 में किंग अपनी पत्नी के साथ मोंटगोमरी पहुँच गए। उस समय शायद वह नहीं जानते थे कि उस शहर की छोटी घटना के कारण वह इतिहास निर्माण के पथ पर अग्रसर हो जाएँगे। जैसा कि कार्लाइज ने कहा था, "छोटी चीजों से ही महानता का जन्म होता है।"

किंग के अहिंसा दर्शन पर ईसा मसीह के उपदेशों और महात्मा गांधी के विचारों का प्रभाव था। बराबरी के हक के लिए उनके पिता ने जो संघर्ष किया था, उसका प्रभाव भी उनके विचारों पर पड़ा था।

□

आरंभिक जीवन

मार्टिन लूथर किंग जूनियर ने एक बार उल्लेख किया था कि उनके पिता व भाई धर्मोपदेशक थे और नाना तथा परनाना भी धर्मोपदेशक ही थे। उन्हें लगता था कि धर्मोपदेश देना ही उनके जीवन का लक्ष्य बन सकता था।

अटलांटा के आउबर्न एवेन्यू में एक मध्य वर्गीय परिवार में उनका जन्म 15 जनवरी, 1929 को हुआ था। यह जगह अश्वेत समुदाय के बेहद प्रभावशाली और सम्मानजनक चर्चों में से एक एबेनेजर बैपटिस्ट चर्च के करीब ही थी।

वे माइकल किंग सीनियर और अलबटी क्रिस्टिन विलियम किंग की दूसरी संतान तथा प्रथम पुत्र थे। दंपती ने पिता के नाम पर बेटे का नाम रखा, मगर परिवारवाले उन्हें 'एम एल' कहकर पुकारते रहे। बाद में पिता और पुत्र के नाम परिवर्तन कर 'मार्टिन लूथर' जोड़ लिया गया। यह नाम उन जर्मन धार्मिक नेता का था, जिनके लेखों और प्रयासों से सोलहवीं शताब्दी में धार्मिक सुधार आंदोलन शुरू हुआ था।

धर्मोपदेश की परंपरा

किंग की धमनियों में कई पीढ़ियों से परिवार में प्रचलित धर्मोपदेश की परंपरा प्रवाहित हो रही थी। अश्वेत धर्मोपदेशक जनता को तसल्ली देते रहे थे

कि ईश्वर एक दिन रंगभेद और अन्याय का जरूर अंत कर देगा। उनके परिवार की मजबूत धार्मिक जड़ों का संबंध जॉर्जिया के ग्रामीण क्षेत्रों से था और दासता के दिनों से पहले गृहयुद्ध के जमाने से ही उनके पुरखे धर्मोपदेशक की भूमिका निभाते रहे थे।

किंग के परनाना विलीस विलियम्स एक दास थे और अटलांटा से 70 मील पूर्व जॉर्जिया के ग्रीन काउंट्री में स्थित सिलो बैपटिस्ट चर्च में धर्मोपदेशक थे। वर्ष 1840 में इस चर्च में 80 सदस्य थे, जिनमें 20 दास थे। गृहयुद्ध के बाद विलियम परिवार और दूसरे अश्वेत परिवारों ने देश के दक्षिणी हिस्से में अपने बैपटिस्ट चर्च स्थापित कर लिये थे।

किंग के नाना ए. डी. विलियम्स ने अपने पिता से भाषण देने की कला सीखी थी। उन्होंने कथाओं और मुहावरों के प्रयोग के जरिए आम लोगों को धर्मोपदेश देने की कला में महारत हासिल कर ली थी और ईश्वर के प्रति समर्पण भाव पैदा करने के लिए वह लोगों की भावनाओं को प्रेरित करना भी सीख गए थे। ए. डी. विलियम्स ने वर्ष 1880 से 1890 के बीच स्वतंत्र रूप से धर्मोपदेशक के रूप में कार्य करना शुरू कर दिया था। विलियम्स परिवार अश्वेतों की नई आबाद हो रही बस्ती अटलांटा में आकर बस गया था। अश्वेत समुदाय विलियम्स से अत्यंत प्रभावित था और 1894 में उनसे एबेनेजर बैपटिस्ट चर्च का पेस्टर बनने का अनुरोध किया गया। उस समय शहर के गिने-चुने छोटे चर्चों में वह भी एक चर्च था।

विलियिम्स के धर्मोपदेश की प्रभावशाली और अनूठी शैली के कारण शहर के गरीब और मेहनतकश अश्वेत नागरिक उन्हें सुनने के लिए एकत्र होने लगे। धर्मोपदेशक होने के साथ-साथ विलियम्स अग्रणी समाज-सुधारक भी थे। वह धार्मिक एवं सामाजिक संगठनों की गतिविधियों में सक्रिय रूप से भागीदारी करते थे। वह एसोसिएशन फॉर दि एडवांसमेंट ऑफ कलर्ड पीपुल्स (एन.ए.ए.सी.पी) के साथ भी जुड़े हुए थे। उन्होंने हाई स्कूल की स्थापना में अहम भूमिका निभाई, जिस हाई स्कूल में बाद में उनके पोते ने पढ़ाई की।

विलियम्स के कुशल नेतृत्व के कारण सन् 1913 तक एबेनेजर चर्च के सदस्यों की संख्या 750 हो चुकी थी। दो अलग-अलग अवसरों पर चर्च की जगह बदलने के बाद विलियम्स ने सदस्यों को आउबर्न एवेन्यू और जैक्सन स्ट्रीट के बीच एक भूखंड खरीदकर चर्च बनाने का आह्वान किया। चर्च के भवन के निर्माण के लिए कोष जुटाने की घोषणा करते हुए उन्होंने कहा कि नए चर्च

में 1,000 से अधिक लोगों के लिए उपासना की व्यवस्था होगी। भवन का मुख्य हिस्सा सन् 1922 में बनकर तैयार हुआ। 1886 में जहाँ एबेनेजर बैपटिस्ट चर्च की स्थापना के समय केवल 13 अश्वेत अनुयायी मौजूद थे, वही चर्च आज की तारीख में अटलांटा में अश्वेतों की बड़ी आबादी के बीच प्रमुख धार्मिक एवं सामाजिक शक्ति माना जाता है।

जिस समय ए. डी. विलियम्स अटलांटा के अश्वेत समुदाय के बीच एबेनेजर बैपटिस्ट चर्च को सर्वाधिक प्रभावशाली चर्च बनाने में जुटे हुए थे, उस समय उनकी इकलौती बेटी अल्बर्टा शिक्षा प्राप्त कर रही थी। अटलांटा की स्पेलमेन सेमिनरी से स्नातक करने के बाद अल्बर्टा ने वर्जीनिया की हैंपटन नॉर्मन एंड इंडस्ट्रियल इंस्टीट्यूट से भी सन् 1924 में शिक्षण का सर्टिफिकेट हासिल किया। जब वह वर्जीनिया से अटलांटा वापस लौटी तो अकसर एक युवा और तेजस्वी धर्मोपदेशक से उसकी मुलाकातें होने लगीं। उस धर्मोपदेशक का नाम माइकल किंग था।

नौ भाई-बहनों में माइकल किंग सबसे बड़े थे। उनके पिता खेतिहर श्रमिक थे और फ्लायड चैपल बैपटिस्ट चर्च के सदस्य थे। अल्बर्टा के पिता की तरह माइकल किंग के मन में भी रंगभेद को लेकर पीड़ा का भाव बना हुआ था। और वह इस अन्याय के खिलाफ जागरूकता पैदा करना चाहते थे। उन्होंने अपने माता-पिता को मामूली मजदूरी के बदले खेतों में अपमानजनक परिस्थितियों में काम करते हुए देखा था। कठोर मेहनत की वजह से उनके माता-पिता कमजोर होते गए थे और अपने जीवन की बदहाली को दूर करने का सामर्थ्य उनमें नहीं रह गया था। माइकल किंग अपने परिवार के सदस्यों के साथ होनेवाले दुर्व्यवहार को बचपन से देखते रहे थे। उन्होंने देखा था कि उनके समुदाय के लोग हताशा और क्षोभ के गर्त में किस कदर

चिंतन की मुद्रा में युवा मार्टिन

डूबते जा रहे थे। उन्होंने पड़ोस में अश्वेतों के साथ हुई हिंसा का मंजर देखा था और एक बार उनके पिता को जान बचाने के लिए जंगल में जाकर छिपना पड़ा था।

अटलांटा में जब उन्होंने धर्मोपदेशकों व कार्यकर्ताओं के विचारों को सुना और अश्वेत समुदाय के साथ होनेवाली ज्यादतियों को महसूस किया तो उनके मन में निर्धनता और नस्लभेद के खिलाफ बगावत की भावना बलवती होती गई। किशोरावस्था में ही उन्होंने तय कर लिया कि वह एक धर्मोपदेशक बनेंगे। शिक्षा के अवसर से वंचित रहनेवाले माइकल किंग की सहायता चर्च के धर्मोपदेशकों ने की। उनकी लगन और इच्छा को देखते हुए धर्मोपदेशकों ने उन्हें शिक्षित बनाने में मदद की और उनकी स्वभाव सुलभ बोलने की कला को निखारने में अहम भूमिका निभाई।

अल्बर्टा के साथ जब उनका प्रेम संबंध चल रहा था तब विलियम्स परिवार ने माइकल किंग को धर्मोपदेशक बनने के लिए हौसला बढ़ाया। उन्होंने माइकल को ब्रीएंट प्रीपेटरी स्कूल में पढ़ाई शुरू करने में सहायता की। ब्रीएंट की पढ़ाई पूरी करने और अटलांटा के कई छोटे चर्चों में पेस्टर के रूप में काम करने के बाद माइकल किंग ने सन् 1926 में मोरे हाउस स्कूल ऑफ रिलीजन में तीन वर्षीय डिग्री कार्यक्रम में दाखिला लिया।

उसी साल जून महीने में एबेनेजर चर्च की रविवारीय सभा में माइकल और अल्बर्टा ने अपनी सगाई की घोषणा की। सन् 1926 के कृतज्ञता दिवस के दिन दोनों का विवाह हो गया। विवाह के बाद दोनों रहने के लिए आउबर्न एवेन्यू स्थित विलियम्स परिवार के घर में आ गए। इसी घर में मार्टिन लूथर किंग जूनियर, उनके भाई अल्फ्रेड डेनियल और बहन विली क्रिस्टिन का जन्म हुआ।

सन् 1926 में विलियम्स ने अपने दामाद तथा युवा धर्मोपदेशक माइकल से एबेनेजर चर्च में सहायक पेस्टर के रूप में काम करने के लिए कहा। माइकल किंग भारी-भरकम शरीरवाले व्यक्ति थे, जिनका वजन लगभग 200 पाउंड था। वे तेजस्वी वक्ता थे। जीवन के बाद के वर्षों में लोग उन्हें 'डैडी किंग' कहकर पुकारने लगे। एबेनेजर चर्च में आनेवाले अश्वेत लोगों को उन्होंने गहराई से प्रभावित किया और उनके साथ घनिष्ठ रिश्ता कायम कर लिया।

सन् 1931 में विलियम्स का देहांत होने के बाद किंग सीनियर एबेनेजर चर्च के पेस्टर बन गए। आनेवाले वर्षों में जहाँ उन्होंने भारी तादाद में लोगों को

चर्च का सदस्य बनाया वहीं उन्होंने अपनी पहचान एक प्रभावशाली वक्ता के रूप में बनाई। बाद के वर्षों में मार्टिन लूथर किंग जूनियर ने बताया था कि किस तरह उनके पिता का गहरा प्रभाव उनके जीवन पर पड़ा था। उन्होंने अपने पिता के साहस और आत्मविश्वास की प्रशंसा करते हुए कहा था कि उनके पिता कठिन चुनौतियों का सामना करते हुए बिलकुल नहीं घबराते थे। श्वेत समुदाय के दबाव के आगे उन्होंने झुकना नहीं सीखा था। उनके पिता ने बचपन में ही उनसे कहा था कि वह अश्वेत लोगों के साथ होने वाले अन्याय और भेदभाव को चुपचाप सहन न करें, क्योंकि विरोध नहीं होने के कारण ही अश्वेतों को बदतर जिंदगी गुजारनी पड़ रही थी। बैपटिस्टों की एक सभा को संबोधित करते हुए 1940 में किंग सीनियर ने धार्मिक समुदाय से आह्वान किया था कि वह सच्चे ईसाई लोकतंत्र के पक्ष में आवाज बुलंद करें, क्योंकि ईसाई धर्म में प्रेम और समानता की शिक्षा दी गई है, भेदभाव और नफरत का पाठ नहीं पढ़ाया गया है। ईसाई धर्म समन्वय का संदेश देता है। वह समाज को बाँटने की बात हरगिज नहीं करता।

मार्टिन लूथर किंग को जीवन भर आश्चर्य होता रहा कि इतने स्पष्टवादी और साहसी होने पर भी उनके पिता के ऊपर कभी शारीरिक रूप से हमला नहीं किया गया। अटलांटा में एन.ए.ए.सी.पी. के अध्यक्ष होने और सामाजिक सुधार के समर्थक होने की वजह से हमेशा उनके ऊपर हिंसक हमले का खतरा मँडराता रहता था। वर्षों से समाज-सुधार के कई पैरोकारों और अश्वेत धर्मोपदेशकों को नस्लगत दुर्व्यवहार और हिंसा का शिकार होना पड़ रहा था। कई लोग मारे भी जा चुके थे। इसके बावजूद सीनियर किंग साहस के साथ अश्वेत चेतना को जाग्रत् करने के अभियान में जुटे हुए थे।

आउबर्न एवेन्यू में बचपन

1 मील लंबे और 2 स्वॉक चौड़े इलाके को 'स्वीट आउबर्न' कहकर पुकारा जाता था। यह अटलांटा का एक हिस्सा था, जहाँ हजारों नागरिक, कई पूर्व दास एवं उनके वंशज रहते थे। सन् 1906 में नस्लगत दंगा फैल गया था। अटलांटा के कई इलाकों में श्वेतों की हिंसक भीड़ ने अश्वेतों पर हमला कर दिया था। जान बचाने के लिए काफी संख्या में अश्वेत नागरिक अटलांटा छोड़कर चले गए थे और काफी अश्वेतों ने सुरक्षा की दृष्टि से आउबर्न एवेन्यू में बसना सही

समझा था। उन्हें लगा था कि नस्लगत घृणा और हिंसा से दूर रहने के लिए उन्हें अलग-थलग हिस्से में एकजुट होकर रहना चाहिए। जिस तरह न्यूयॉर्क में हरलेम इलाका है, उसी तरह यह इलाका हजारों अश्वेतों के वजूद की सांस्कृतिक पहचान बन गया।

अटलांटा के एक अश्वेत सामाजिक नेता जॉन वेस्ली डॉल्स ने इस इलाके का नाम 'स्वीट आउबर्न' रखा। अटलांटा में डॉल्स को 'अश्वेत व्यापारियों का मसीहा' कहा जाता था। उन्होंने अटलांटा नीग्रो वोटर्स लीग की शुरुआत की थी और 1940 में जहाँ अश्वेत मतदाताओं की तादाद 2,000 थी, उसे बढ़ाकर 1950 में उन्होंने 22,000 कर दिया था। वह अपनी पत्नी और छह पुत्रियों के साथ आउबर्न एवेन्यू में किंग परिवार के घर से कुछ दूरी पर रहते थे। बचपन में मार्टिन लूथर किंग जूनियर डॉल्स के घर में उनके बच्चों के साथ मोनोपोली खेलते हुए नजर आते थे। इसी डॉल्स के नाती मेनार्ड जैक्सन जूनियर सन् 1970 में अटलांटा के प्रथम अश्वेत मेयर चुने गए थे।

स्वीट आउबर्न एक ऐसी जगह थी, जहाँ अश्वेत नागरिक व्यवसाय कर सकते थे, पड़ोस में स्थित अश्वेतों के कॉलेज में अच्छी शिक्षा प्राप्त कर सकते थे और जीवन में आगे बढ़ने के लिए प्रयत्न कर सकते थे। पूरे इलाके में जिंदादिली नजर आती थी। रॉयल पीकॉक और टॉप हैट क्लब जैसे नाइट क्लब थे, जिनका संचालन अश्वेत व्यवसायी कर रहे थे। इन क्लबों में कैब फैलाएँ। बेसी स्मिथ, रे चार्ल्स और ड्यूक एलिंगटन जैसे कलाकार कार्यक्रम पेश करते थे। इसके अलावा बड़े चर्च, महँगे रेस्टोरेंट, साफ-सुथरे होटल आदि थे। छोटे उद्योग धंधों की भी भरमार नजर आती थी।

1920 के दशक में स्वीट आउबर्न में अश्वेत उद्यमियों की 100 से ज्यादा दुकानें थीं। कई बड़े प्रतिष्ठान थे तो कई छोटी दुकानें थीं। इसी इलाके में एक अश्वेत उद्यमी ने अटलांटा लाइफ इंश्योरेंस कॉर्पोरेशन की स्थापना की थी। यहीं से अश्वेतों के प्रथम दैनिक समाचार-पत्र 'अटलांटा डेली वर्ल्ड' का प्रकाशन शुरू हुआ था। यहीं अमेरिका में अश्वेतों का पहला रेडियो स्टेशन 'वेर्ड' स्थापित हुआ था।

इस तेजस्वी समुदाय में जहाँ एक वर्ग अत्यंत संपन्न था, वहाँ दूसरा वर्ग अत्यंत निर्धन था। इस इलाके में अपराध की दर कम थी और ज्यादातर लोग चर्चों में भावनात्मक रूप से जुड़े हुए थे। ऐसे माहौल में ही किंग का बचपन गुजरा था। सन् 1935 में योंग स्ट्रीट एलिमेंटरी स्कूल में उन्होंने पढ़ाई शुरू

की, फिर डेविड टी. हार्वर्ड एलिमेंटरी स्कूल में छठी ग्रेड की पढ़ाई पूरी की। बाहर से आए एक धर्मोपदेशक का प्रवचन सुनकर वह अत्यंत प्रभावित हुए और उन्होंने अपने परिवारवालों को बताया कि एक दिन वह भी लोगों के सामने भाषण देंगे।

एक धर्मोपदेशक के पुत्र होने के किंग के जीवन की गतिविधियों के केंद्र में चर्च था। उनका पालन-पोषण ऐसे परिवार में हुआ, जहाँ हर सदस्य बाइबिल पढ़ते थे और प्रार्थनाएँ गाते थे। अपने भाइयों और बहनों के साथ किंग से भी बाइबिल को याद करने की अपेक्षा की जाती थी।

इनके पिता जहाँ एक प्रभावशाली चर्च के धर्मोपदेशक थे, वहीं उनकी माता ने एबेनेजर चर्च के वाद्य संगीत कलाकारों को प्रशिक्षित किया था और स्वयं ऑरगन बजाती थीं। अल्बर्टा किंग की प्रतिभा से वाकिफ होने के नाते जॉर्जिया के कई बैपटिस्ट संगठन उनसे संगीत कार्यक्रम प्रस्तुत करने का अनुरोध करते थे और उन्होंने अपने संगीत दल के साथ सालाना संगीत कार्यक्रम आयोजित करना शुरू कर दिया था।

बाद में किंग ने लिखा – 'चर्च हमेशा मेरे लिए दूसरे घर की तरह था। जहाँ तक मुझे याद आता है, मैं हर रविवार को चर्च में मौजूद रहता था। मेरे सबसे अच्छे दोस्त संडे स्कूल में थे और संडे स्कूल ने मेरे व्यक्तित्व को सँवारने में अहम भूमिका का निर्वाह किया।'

चर्च के कार्यक्रम में किंग जहाँ अपने पिता का प्रवचन सुनते थे, वहीं उन्हें दूसरे धर्मोपदेशकों के प्रवचन सुनने का भी मौका मिलता था और दर्शकों पर भावनात्मक विचारों के गहरे प्रभाव को वह महसूस करने लगे थे। धार्मिक प्रार्थनाओं के साथ प्रवचन के दौरान जब तालियाँ बजाई जाती थीं तब सुननेवाले मंत्रमुग्ध हो उठते थे। अश्वेतों के तमाम चर्चों की तरह एबेनेजर चर्च में भी एकत्र होने वाले अश्वेत नागरिक धर्म के साथ एकाकार हो जाते थे। चर्च में ईश्वर के सामने एक किस्म का लोकतंत्र था, जहाँ अमीर और गरीब के बीच किसी तरह का अंतर नहीं था। किंग लोगों के लगाव को महसूस कर सकते थे। मगर कम उम्र के बालक के लिए भीड़ का जोश समझ में न आने वाली पहेली की तरह था। बाद में उन्होंने स्वीकार किया कि अति भावुकता का मंजर देखकर उन्हें शर्म महसूस होती थी।

वर्जीनिया से आए एक धर्म-सुधारक ने जब धार्मिक जनता से आगे आने का आह्वान किया, उसी समय पाँच साल की आयु में किंग चर्च के सदस्य

बने। जब उनकी बहन ने सदस्य बनने का फैसला किया तो किंग भी इस मामले में पीछे नहीं रहे। बाद में इस प्रसंग को याद करते हुए उन्होंने कहा था कि धार्मिक अनुष्ठान का आकर्षण अहम नहीं था, केवल अपनी बहन का अनुसरण करने के लिए उन्होंने सदस्य बनने का फैसला किया था।

बाद के वर्षों में धर्म संदेशों और अनुष्ठानों को लेकर किंग के मन में संशय का भाव पैदा होने लगा। परिवार के सदस्य और समाज के लोग उनसे अपेक्षा रखते थे कि वह एक धर्मप्राण संतान की भूमिका निभाएँगे। दूसरी तरफ धर्म के संदेशों और कर्मकांडों को लेकर उनके मन में कई तरह के सवाल पैदा हो रहे थे। किंग ने लिखा – "मुझे लगता है कि बारह वर्ष की उम्र तक मैं धर्म संबंधी विचारों को बिना संदेह किए ग्रहण करता रहा। मगर मेरा यह रवैया अधिक दिनों तक कायम नहीं रह सका, क्योंकि ऐसा मेरी मूल प्रवृत्ति से मेल नहीं खाता था। मैं हमेशा धार्मिक कर्मकांडों को लेकर संशयवादी बना रहा था। संडे स्कूल में तेरह साल की उम्र में मैंने चमत्कार संबंधी घटनाओं पर सवाल उठाना शुरू कर दिया था।"

किंग का बचपन मध्य वर्गीय सुख-सुविधाओं के माहौल में गुजरा था, जहाँ उन्हें परिवार के सदस्यों का भरपूर प्यार मिला था। उनके परिजन हमेशा उनकी आशाओं-आकांक्षाओं का ध्यान रखते थे और उन्हें प्रोत्साहित करते थे। किंग के पिता कठोर अनुशासन लागू करते थे, वहीं उनकी माता अत्यंत दयालु स्वभाव की थीं। बाद में किंग के पिता ने कहा था, "हम बच्चों के भविष्य को लेकर काफी चिंतित रहते थे। मैं बच्चों को मजबूत, योग्य एवं खुशहाल देखना चाहता था और इसीलिए सख्ती से पेश आता था। मेरी पत्नी मेरी मंशा को अच्छी तरह समझती थी।"

किंग के माता-पिता के बीच शायद ही कभी झगड़ा होता था और वे देखते थे कि दोनों के बीच गहरा लगाव और तालमेल था। किंग ने बाद में कहा भी था कि परिवार के शांत व खुशहाल माहौल के कारण ही वह दुनिया को आशावादी नजरों से देखने लगे थे और मानवीय संबंधों को अहमियत देने लगे थे।

एबेनेजर चर्च में 18 मई, 1941 को महिला दिवस के कार्यक्रम में भाग लेते समय किंग की नानी जेनी विलियम्स का देहांत हार्ट अटैक की वजह से हो गया था। जिस समय उनकी नानी की मौत हुई, उस समय किंग अपने माता-पिता की मरजी के विरुद्ध चुपके से एक परेड देखने के लिए चले गए थे। बाद में

उन्हें इस बात का पछतावा हुआ। बारह वर्षीय किंग के कोमल मस्तिष्क पर इस घटना का गहरा प्रभाव पड़ा और वह अवसाद में डूब गए। उन्हें लग रहा था कि अगर वह परेड देखने के लिए नहीं जाते तो उनकी प्यारी नानी की मौत नहीं होती। दुःख और पश्चात्तप का भाव इस कदर गहरा हो गया कि किंग ने दूसरी मंजिल की खिड़की से छलाँग लगा दी थी।

नानी की मौत और किंग की छलाँग की घटना के बाद माता-पिता ने किंग के साथ जीवन और मृत्यु के बारे में काफी बातें की थीं। इन बातों को सुनकर उन्हें मरने के बाद फिर जन्म लेने की धारणा में विश्वास होने लगा था।

उनके माता-पिता ने उन्हें अलग-थलग होकर रहने नहीं दिया था। किंग ने कई तरह के कार्य किए। आठ साल की उम्र में वह 'अटलांटा जर्नल' नामक समाचार-पत्र लोगों के बीच बाँटते थे। इसके अलावा किशोरावस्था में उन्होंने कई किस्म के कार्य किए। सितंबर 1940 में ग्रेड स्कूल की पढ़ाई पूरी करने के बाद उन्होंने अटलांटा यूनिवर्सिटी के लेबोरेटरी हाई स्कूल में दाखिला लिया। यह एक प्रगतिशील प्राइवेट स्कूल था, जहाँ सक्षम अश्वेत परिवार अपने बच्चों को भीड़भाड़ वाले अश्वेतों के स्कूलों में बचाकर पढ़ाया करते थे। किंग ने वहाँ दो वर्षों तक पढ़ाई की। फिर सन् 1942 में स्कूल बंद हो गया। उनके ग्रेड अच्छे थे, हालाँकि समाज-अध्ययन में उन्हें कम अंक मिले थे।

उन्होंने पब्लिक बुकर टी. वॉशिंगटन हाई स्कूल में अपनी पढ़ाई जारी रखी। दूसरे वर्ष में वह एक भाषण प्रतियोगिता जीत गए। इस तरह उन्हें जॉर्जिया के डबलिन में आयोजित होनेवाली राज्य स्तरीय प्रतियोगिता में स्कूल का प्रतिनिधित्व करने का मौका मिला। चौदह वर्षीय किंग सार्वजनिक रूप से भाषण की कला का प्रदर्शन कर रहे थे और इस तरह उनके भविष्य की दिशा भी निर्धारित हो रही थी।

भाषण प्रतियोगिता में भाग लेने के बाद डबलिन से लौटते समय किंग का साक्षात्कार रंगभेद के अमानवीय और दर्दनाक मंजर से हुआ, जिसके बारे में अब तक वह अपने पिता, दादा और परिवार के अन्य सदस्यों के अनुभव व विचार सुनते रहे थे। बस के श्वेत चालक ने किंग और दूसरे अश्वेत छात्रों को फटकारते हुए कहा कि उन्हें श्वेत यात्रियों के लिए आरक्षित सीटों पर बैठने की कोशिश नहीं करनी चाहिए थी। हालात बिगड़ते देख छात्रों के साथ चल रहे शिक्षक ने छात्रों को टकराव से बचने का अनुरोध किया। इस घटना के कई वर्ष गुजर जाने के बाद भी किंग के मन में अन्याय की टीस बनी रही। सन् 1965 में एक साक्षात्कार

के दौरान किंग ने कहा कि बस में हुए अपमान की वजह से उनके मन में क्रोध की आग धधकने लगी थी।

डबलिन में किंग ने जो भाषण दिया था उसका विषय था – 'अश्वेत और संविधान'। अपने भाषण में उन्होंने कहा था, "जब तक हम ईसा मसीह के प्रेम और भाईचारे के उपदेश को अपने जीवन में नहीं अपनाते तब तक हम सच्चे ईसाई नहीं कहला सकते।"

रंगभेद का दंश

जब किंग किशोरावस्था में थे तब उन्होंने अश्वेत समुदाय को रंगभेद का दंश झेलते हुए महसूस किया था। गृहयुद्ध के बाद कई पीढ़ियाँ गुजर चुकी थीं, इसके बावजूद अश्वेतों को समाज में बराबरी का हक नहीं दिया गया था। उन्हें निर्धनता के अँधेरे में जीवनयापन करना पड़ रहा था। रोजगार के लिए उनके पास अवसर सीमित थे और ऊर्जावान् व प्रतिभाशाली अश्वेतों को भी घुट-घुटकर जीने के लिए मजबूर होना पड़ता था।

देश भर में अश्वेत समुदाय के लोगों की तरह अटलांटा के अश्वेत समुदाय को भी कई तरह की बंदिशों के साथ जीवनयापन करना पड़ता था। शहर के विकसित इलाकों में अश्वेतों को रहने की इजाजत नहीं दी जाती थी। स्कूल और चर्च भी श्वेतों व अश्वेतों के लिए अलग-अलग बने हुए थे। अश्वेतों को थिएटरों, पुस्तकालयों, रेस्टोरेंटों आदि में घुसने की भी इजाजत नहीं दी जाती थी।

बस एवं ट्रेन जैसी सार्वजनिक परिवहन प्रणाली में भी अश्वेतों व श्वेतों के बीच उसी तरह विभाजन रेखा खींची गई थी, जिस तरह न्यायालयों और अन्य सरकारी इमारतों में। झरनों, स्विमिंग पूलों आदि सार्वजनिक स्थलों पर 'केवल श्वेतों के लिए' का बोर्ड लगाया जाता था, जो अश्वेत नागरिकों के लिए अपमानजनक अनुभव की तरह होता था। अश्वेतों को कर अनिवार्य रूप से चुकाना पड़ता था। कई मामलों में तो उन्हें वोट देने का अधिकार भी नहीं मिला था। बचपन से ही किंग ने संभावनाओं की जगह बंदिशों का अनुभव किया था। जब वह छह साल के थे तब अचानक एक श्वेत सहपाठी ने उनसे मिलना-जुलना बंद कर दिया था, क्योंकि उसके माता-पिता ने एक अश्वेत लड़के के साथ उसकी दोस्ती पर रोक लगा दी थी। बचपन में ही उन्हें महसूस हो गया था कि सामाजिक व्यवस्था भेदभाव और अन्याय पर आधारित थी।

बाद में उन्होंने बचपन के दिनों को याद करते हुए बताया था कि जब

तक वाई. एम. सी. ए. की तरफ से अश्वेतों के लिए अलग से स्विमिंग पूल का निर्माण नहीं किया गया था तब तक वह तैरने के लिए नहीं जा पाए थे। उन्हें याद था कि किस तरह सार्वजनिक पार्कों, रेस्टोरेंटों, थिएटरों आदि में उन्हें जाने से रोक दिया जाता था।

दूसरी तरफ किंग कम उम्र से ही देखते रहे थे कि किस तरह उनके पिता इस अन्यायपूर्ण सामाजिक व्यवस्था के सामने सिर झुकाने से इनकार करते रहे थे। उनके पिता ने तमाम प्रतिकूल परिस्थितियों में भी अन्यायपूर्ण रंगभेद को स्वीकार नहीं किया था। इस तरह रंगभेद के खिलाफ आवाज बुलंद करने के लिए किंग अपने पिता को अपना आदर्श समझने लगे थे। किंग के पिता कई अवसरों पर लोगों को संबोधित करते हुए व्यवस्था को चुनौती देने की जरूरत पर रोशनी डालते रहे थे। वह कई बार 'केवल श्वेतों के लिए' आरक्षित मार्ग पर आगे बढ़ जाते थे। किंग को अच्छी तरह याद था कि एक बार जूते की दुकान में जब उन्हें पिछले हिस्से में बैठने के लिए कहा गया तो किस तरह वे गुस्से से सुलग उठे थे। किंग ने लिखा था – "उस घटना से मैंने समझ लिया कि मेरे पिताजी भेदभाव पर आधारित व्यवस्था को स्वीकार नहीं कर पाए थे और इस मामले में उन्होंने मेरी चेतना का निर्माण करने में अहम भूमिका निभाई। मुझे अभी भी याद है, जब मैं सड़कों पर उनके साथ चल रहा होता था तो वह अकसर बुदबुदाते थे, 'मैं नहीं जानता, मुझे कब तक इस व्यवस्था के तहत जीना होगा, मगर मैं इसे हरगिज स्वीकार नहीं करूँगा।'"

किंग के पिता ने अपने बच्चों को ऐसे थिएटर में भेजने से इनकार कर दिया, जहाँ भेदभाव के आधार पर पिछले हिस्से में अश्वेतों के बैठने का इंतजाम किया गया था। जब अश्वेतों पर सिटी बसों में बर्बरतापूर्वक हमले किए गए तो उन्होंने सिटी बसों में सफर करना छोड़ दिया। सन् 1939 में राजनीतिक भेदभाव से क्षुब्ध होकर उन्होंने मताधिकार की माँग करते हुए सैकड़ों अश्वेतों को साथ लेकर सिटी हॉल तक जुलूस निकाला। एक बार यातायात के नियम का उल्लंघन करने के आरोप में पुलिसकर्मी ने उन्हें रोककर 'लड़का' कहकर संबोधित किया। उन्होंने नाराज होकर किंग की तरफ इशारा करते हुए कहा, "यह लड़का है। मैं एक आदमी हूँ। जब तक तुम ठीक से मुझे संबोधित नहीं करोगे, मैं तुम्हारी कोई बात नहीं सुनूँगा।"

एक महत्त्वपूर्ण चर्च के पेस्टर होने के नाते किंग के पिता का सामाजिक एवं राजनीतिक प्रभाव बढ़ता गया था, मगर रंगभेद के खिलाफ संघर्ष को उन्होंने

छोड़ा नहीं था। वह अटलांटा सिविक एंड पोलिटिकल लीग तथा अटलांटा बैपटिस्ट मिनिस्टर यूनियन की अगुवाई कर रहे थे। दोनों संगठन अश्वेतों को मताधिकार दिलाने एवं अन्य समस्याओं को हल करने के लिए संघर्ष कर रहे थे। वह एन.ए.ए.सी.पी. की अटलांटा शाखा के अग्रणी नेता थे। इस संस्था ने अश्वेत शिक्षकों को श्वेत शिक्षकों के समान वेतन दिलाने की कानूनी लड़ाई जीती थी।

रंगभेद के अभिशाप का सामना करने के सिलसिले में किंग की माता हमेशा उनके हौसले को मजबूत करती रही थीं। माता ने उन्हें दासता के इतिहास के बारे में बताया था और यह भी बताया था कि अपने अधिकारों को हासिल करने के लिए अश्वेत आबादी किस तरह वर्षों से संघर्ष करती रही थी। उन्होंने भेदभाव पर आधारित सामाजिक व्यवस्था को अश्वेतों के विकास की राह का काँटा बताया था। माता ने उन्हें समानता के आदर्श को अपनाने और अपने वजूद की अहमियत को समझने की सीख दी थी।

वर्ष 1944 में बुकर टी. वॉशिंगटन हाई स्कूल से ग्यारहवीं ग्रेड की पढ़ाई पूरी करने के बाद किंग को बारहवीं ग्रेड को छोड़कर सीधे मोरे हाउस कॉलेज में दाखिला लेने का अवसर मिला। उसी कॉलेज से उनके नाना और पिता ने स्नातक की पढ़ाई की थी। भारी संख्या में अश्वेत युवा द्वितीय विश्व युद्ध के दौरान सेना में शामिल हो गए थे। इसीलिए मोरे हाउस कॉलेज में नए छात्रों की संख्या घट गई थी। कॉलेज ने इसी वजह से ग्यारहवीं ग्रेड उत्तीर्ण करनेवाले विद्यार्थियों के लिए अपना दरवाजा खोल दिया। दाखिले से पहले एक विशेष प्रवेश परीक्षा ली जाती थी। ग्रेड स्कूल और हाई स्कूल में किंग के अंक बहुत ज्यादा नहीं थे, फिर भी प्रवेश परीक्षा उत्तीर्ण करने में वह सफल रहे। परिवार का प्रोत्साहन मिलने पर उन्होंने दाखिला लेने का फैसला किया।

कॉलेज की छुट्टियों में पढ़ाई का खर्च जुटाने के लिए सन् 1944 में किंग लगभग 100 छात्रों के साथ सिम्सबरी में तंबाकू के खेतों में काम करने के लिए गए। पहली बार किंग अटलांटा में अपने परिवार को छोड़कर बाहर गए।

तंबाकू फार्म से जून 1944 में किंग ने अपने पिता को खत में लिखा – "उनका वक्त अच्छा गुजर रहा था, कड़ी मेहनत करनी पड़ रही थी। बेहतर खाना मिल रहा था और रविवारीय सभा में उन्हें युवाओं का धार्मिक नेता बना दिया गया था।" खत में उन्होंने रंगभेद की भी चर्चा की थी। उन्होंने लिखा था – "सफर के दौरान मैंने कुछ ऐसा मंजर देखा, जिसकी मैंने कल्पना नहीं की थी। जब हम वॉशिंगटन से आगे बढ़े तो हमें किसी तरह का रंगभेद नजर

नहीं आया। यहाँ के गोरे भले लोग हैं। हम किसी भी जगह बेरोक-टोक जा सकते हैं और कहीं भी अपनी मरजी से बेरोक-टोक बैठ सकते हैं।"

रेलगाड़ी से अटलांटा वापस लौटते समय वॉशिंगटन डी.सी. पहुँचने पर किंग ने जो क्षोभ और तिरस्कार महसूस किया था, उसे उन्होंने बाद में याद किया था। वॉशिंगटन डी.सी. में उन्हें अश्वेतों के लिए अलग से निर्धारित वाहन में बिठाया गया। इस यात्रा से किंग के कोमल मस्तिष्क पर यह प्रभाव पड़ा कि रंगभेद अश्वेतों की मर्यादा और आत्मसम्मान के लिए अभिशाप की तरह था, जिसे खत्म करना जरूरी हो गया था।

□

शिक्षा के पथ पर

मोरे हाउस कॉलेज

सितंबर 1944 में 15 साल की उम्र में किंग ने मोरे हाउस कॉलेज में दाखिला लिया। यह कॉलेज दक्षिण में अश्वेतों के लिए उच्च शिक्षा का प्रमुख केंद्र माना जाता था। गृहयुद्ध के बाद दासता से मुक्त हुए अश्वेतों के एक समूह ने ऑगस्टा इंस्टीट्यूट की स्थापना की थी, जो बाद में मोरे हाउस कॉलेज के रूप में विकसित होता गया था। स्थापना के समय से ही इस शैक्षणिक संस्थान का उद्देश्य अश्वेत विद्यार्थियों को धर्मोपदेशक एवं शिक्षक के रूप में प्रशिक्षित करना था।

इसी मोरे हाउस में किंग की मुलाकात बेंजामिन मेज जैसे प्रभावशाली व्यक्ति से हुई, जिनसे उन्हें बहुत कुछ सीखने का मौका मिला। मेज 1940 में इस कॉलेज के अध्यक्ष बने थे और अपने सशक्त नेतृत्व में काफी सकारात्मक बदलाव लाने में सफल हुए थे।

दक्षिण केरोलिना के एक पूर्व गुलाम के पुत्र होने के बावजूद मेज ने लगन व संकल्प के सहारे रंगभेद और वर्गभेद जैसी चुनौतियों का साहस के साथ सामना किया था। बचपन में गरीबी की वजह से जहाँ उन्हें कपास के

खेतों में मजदूरी करनी पड़ी थी, वहीं निरंतर संघर्ष करते हुए वह बेट्स कॉलेज से स्नातक की पढ़ाई पूरी कर पाने में सफल हुए थे। उच्च शिक्षा के लिए वह शिकागो पहुँच गए थे, जहाँ उन्हें शिकागो यूनिवर्सिटी के स्कूल ऑफ रिलीजन की तरफ से पी-एच.डी. की उपाधि प्रदान की गई थी। मेज 1934 से 1940 तक मोरे हाउस और साउथ केरोलिना स्टेट कॉलेज में अध्यापन करते रहे थे, साथ ही वह हार्वर्ड यूनिवर्सिटी ऑफ रिवीजन के डीन पद पर भी रहे थे। उनके सफल नेतृत्व में हार्वर्ड धार्मिक व शैक्षणिक संस्थानों की पंक्ति में शीर्ष पर पहुँच गया था।

अपने पेशे के लिहाज से मेज अमेरिका के प्रमुख अश्वेत विद्वान् माने जाते थे। उन्होंने मोरे हाउस के विद्यार्थियों से आह्वान किया कि वे यथास्थिति को स्वीकार करने से इनकार कर दें। गरीबों और वंचितों के अधिकारों के लिए संघर्ष करें और मोरे हाउस में अर्जित किए गए ज्ञान का इस्तेमाल अश्वेत समुदाय की गरिमा की रक्षा के लिए करें। मेज ने कई बार एशिया और यूरोप की यात्राएँ कीं और एक बार भारत में महात्मा गांधी से उन्होंने मुलाकात भी की। मेज ओजस्वी वक्ता और बहुमुखी व्यक्तित्व के धनी थे। उन्होंने धर्म एवं समाज-परिवर्तन के संबंध में कई पुस्तकें भी लिखी थीं। मोरे हाउस में अध्ययन करते समय किंग के विचारों और मान्यताओं को ठोस शक्ल प्रदान करने में मेज ने अहम भूमिका निभाई।

किंग का परिचय सबसे पहले जिस सहपाठी से हुआ, उसका नाम वाल्टर मेकाल था, जो निर्धन परिवार से आया था। वह मोरे हाउस के एक स्टूडेंट हॉल के बेसमेंट में हजामत का काम कर अपनी जीविका का प्रबंध करता था। मोरे हाउस में पढ़ते समय किंग के पास भी थोड़े पैसे ही होते थे। मगर मेकाल पूरी तरह अभावग्रस्त रहता था। एक बार किंग ने मेकाल से हजामत बनवाई, फिर पाया कि उनके पास मेकाल को देने के लिए पैसे नहीं थे। मेकाल आगबबूला हो उठा। दोनों के बीच बाहर घास पर कुश्ती शुरू हो गई और भीड़ इकट्ठी हो गई। इस झड़प के बाद दोनों में गहरी दोस्ती हो गई।

किंग की तरह मेकाल भी कुछ धार्मिक मान्यताओं व अनुष्ठानों पर संदेह करता था और चर्च जाने पर दोनों बालकनी में बैठते थे। इस तरह दोनों अपने स्वतंत्र विचारों को दरशाने की कोशिश करते थे। इस समय किंग धर्मोपदेशक बनने की आवश्यकता नहीं महसूस कर रहे थे। उनका मन इसके लिए तैयार नहीं हो रहा था। उनके भीतर से आवाज आ रही थी कि उन्हें अपने परिवार,

खासतौर से पिता की इच्छा के खिलाफ बगावत कर देनी चाहिए और धर्मोपदेशक बनने से इनकार कर देना चाहिए। मोरे हाउस में पढ़ाई में रम जाने के बाद उन्होंने तय किया कि वह एक वकील बनेंगे।

मोरे हाउस में पढ़ाई करते समय किंग अपने घर से ही आते-जाते थे और उन्होंने छात्रावास में रहने का फैसला नहीं किया था। इस दौरान उन्होंने कई नए दोस्त बना लिये थे और उनका सामाजिक जीवन अत्यंत व्यस्त हो चुका था। पाँच फीट सात इंच लंबे किंग को नृत्य करना पसंद था और वह आसानी से लड़कियों के साथ घुल-मिल जाता था। कॉलेज के कई समूहों की सदस्यता उन्होंने ले ली थी, जिनमें प्रमुख समूह थे–सोशियोलॉजी क्लब, ग्ली क्लब, मिनिस्टर्स यूनियन, एन.ए.ए.सी.पी. का मोरे हाउस चैप्टर। वह बटलर स्ट्रीट वाई. एम.सी.ए. में बास्केटबॉल खेलने के लिए जाते थे। जन्मजात वक्ता का गुण होने के कारण उन्हें कई वाद-विवाद क्लबों की सदस्यता आसानी से मिल गई थी। भाषण देने की एक प्रतियोगिता में उन्हें द्वितीय पुरस्कार मिला था। वह स्टूडेंट काउंसिल के भी सदस्य बन गए थे।

मोरे हाउस में वैचारिक आदान-प्रदान का माहौल पाकर किंग उत्साहित हुए थे। घर में रहते हुए जिन विचारों को व्यक्त करने का उन्हें मौका मिलता था, वैसे विचारों को व्यक्त करने की उन्हें आजादी मिल रही थी। धर्मोपदेशक की संतान के रूप में लाड़-प्यार के वातावरण में उनका पालन-पोषण किया गया था; मगर वह खुद को परंपराओं और मान्यताओं के बंधन में भी बँधे हुए महसूस करते थे। उनके सामने एक नए विश्व की खिड़की खुल गई थी, जिसके बारे में उन्होंने बाद में बताया था, "मोरे हाउस में एक किस्म का स्वतंत्र वातावरण था।"

मेज के भाषणों को सुनकर किंग अत्यंत प्रभावित हुए थे। मंगलवार के दिन मेज अपने विद्यार्थियों को खासतौर पर संबोधित करते थे। उनके एक छात्र ने बाद में लिखा था– "मेज सर मंगलवार की कक्षा में हमसे मुखातिब होते थे। वह कहते थे–हाँ, रंगभेद मौजूद है, मगर तुम्हारा मस्तिष्क स्वतंत्र है। तुम्हारा काम है अपने मस्तिष्क की क्षमता का अधिकतम उपयोग करना। रंगभेद अब एक यथार्थ बन चुका है, मगर इसे बहाना नहीं बनाया जा सकता। सबसे महत्त्वपूर्ण है कि तुम अपने मस्तिष्क का सदुपयोग करो।"

मेज ने लिखा था कि जब वह बचपन में साउथ केरोलिना में कपास के खेतों में मजदूरी कर रहे थे, तभी से उनके मन में सीखने की इच्छा थी। "मुझे

ऐसा लगता था कि ज्ञान ही मुझे मुक्त कर सकता है।"

और अब किंग अपने अध्यापक मेज के जरिए वही सबकुछ देख रहे थे, जो मेज पहले देख चुके थे, यानी ज्ञान की शक्ति और विचारों की असाधारण क्षमता। शिक्षा के जरिए मुक्ति की राह उन्हें नजर आने लगी थी।

मोरे हाउस में किंग ने एक युवा अध्यापक की काफी सराहना की थी, जो उनके परिवार के मित्र भी थे। धर्म विषय के प्रोफेसर जॉर्ज ई. केलसी ने येल यूनिवर्सिटी से डॉक्टरेट की डिग्री हासिल की थी। उन्होंने बाद में कहा था कि विषय अगर चुनौतीपूर्ण होता था तो किंग की उत्सुकता बढ़ती जाती थी। जब केलसी कक्षा में बता रहे थे कि अमेरिका में रंगभेद का मसला नैतिक दुविधा का सबसे बड़ा मसला बन चुका था, तब किंग के चेहरे पर मुसकान आ गई थी और आँखें दमकने लगी थीं।

मोरे हाउस में अध्ययन करते हुए किंग के जीवन की बौद्धिक यात्रा शुरू हुई। उन्होंने धर्म के उपदेशों को सामाजिक समस्याओं के संदर्भ में देखना शुरू किया। उन्होंने धर्म की संकीर्णता से परे वैकल्पिक मतों का विश्लेषण करना सीखा। उन्हें पता नहीं था कि इस यात्रा की मंजिल कहाँ थी। उन्हें समझ में आने लगा था कि धर्म का सामाजिक उद्‌देश्य भी हो सकता है। मेज एवं केलसी जैसे अध्यापकों के सान्निध्य में आने के बाद उन्होंने नए सिरे से अपने जीवन की प्राथमिकताओं का निर्धारण करना शुरू किया।

जुलाई 1946 में अटलांटा के स्थानीय चुनाव के बाद रंगभेद के मसले पर हिंसक झड़पें शुरू हो गईं। मेसिपो स्निप्स नामक एक व्यक्ति, जो द्वितीय विश्व युद्ध में भाग ले चुका था और जो जॉर्जिया के टेलर कंट्री जिले में मतदान करने वाला एकमात्र अश्वेत था, को चार श्वेत व्यक्तियों ने घेरकर गोली मार दी। थोड़ी देर बाद जॉर्जिया के मोनरो इलाके में दो अश्वेत दंपतियों की कारें रोककर बीस लोगों की भीड़ ने गोली मार दी। जब किंग ने 'अटलांटा कॉन्स्टीट्यूशन' में अश्वेतों की हत्याओं की खबर पढ़ी तो नृशंसता और अमानवीयता पर क्षुब्ध होने के साथ-साथ अखबार की भाषा पर भी उन्हें गुस्सा आया। अखबार के संपादकीय में मरनेवालों के प्रति संवेदना व्यक्त की गई थी, वहीं दूसरी तरफ ऐसे किसी भी नए कानून का विरोध किया गया था, जिसके जरिए भीड़ की हिंसा पर काबू पाया जा सके और संघीय सरकार को इसका अधिकार दिया जा सके। संपादकीय में तर्क दिया गया था कि कानून-व्यवस्था को बहाल रखने के लिए राज्य पूरी तरह सक्षम था।

इस तरह की परिस्थिति से किंग आहत हुए थे। मोरे हाउस के छात्र के रूप में उन्होंने अखबार को एक पत्र लिखा। अखबार में उनका पत्र 6 अगस्त, 1946 को प्रकाशित किया गया। पत्र के आरंभ में किंग ने नस्ली शुचिता का समर्थन करनेवालों और नस्ली भेदभाव को मिटाने के प्रयास को खतरनाक बतानेवालों की आलोचना की थी। उन्होंने तर्क दिया था कि रंगभेद के पूर्वाग्रह से ग्रस्त लोगों ने हिंसा की थी। उन्होंने लिखा– "हम अमेरिकी नागरिक के रूप में मूलभूत अधिकार और अवसर चाहते हैं। हम जीविका का अधिकार चाहते हैं, जो जीविका हमें प्रशिक्षण और योग्यता के आधार पर मिलती है। हम शिक्षा, स्वास्थ्य, मनोरंजन एवं अन्य जन-सेवाओं में समान अवसर चाहते हैं; हम मताधिकार, समान कानून, समान मानवीय गरिमा और मर्यादा चाहते हैं।'

किंग के पिता ने बाद में बताया कि 'अटलांटा कॉन्स्टीट्यूशन' में किंग के इस पत्र के प्रकाशित होने पर ही उन्हें और उनकी पत्नी को अंदाजा हुआ कि उनका पुत्र महानता के पथ पर कदम बढ़ा रहा था। वे समझ गए कि उनका पुत्र रंगभेद के मसले पर अपने विरोध को खुलकर व्यक्त करने लगा था। इसका अर्थ था कि वह मोरे हाउस में पढ़ाई करनेवाला एक सामान्य छात्र नहीं रह गया था।

किंग के पिता चाहते थे कि उनके दोनों पुत्र धर्मोपदेशक के पेशे को अपनाएँ और एबेनेजर में उनके साथ काम करें। किंग के भाई ए. डी. ने कुछ दिनों तक मोरे हाउस में पढ़ाई की, फिर पढ़ाई छोड़ दी, हालाँकि बाद में वह भी एक धर्मोपदेशक बने। कॉलेज में पढ़ते समय किंग शुरू-शुरू में डॉक्टर या वकील बनना चाहते थे और उनके पिता को उनकी इच्छा जानकर तकलीफ भी हुई थी, मगर किंग की माता ने किंग के पिता से कहा था कि बच्चों को अपनी राह चुनने की आजादी मिलनी चाहिए। किंग की बड़ी बहन क्रिस्टिन भी स्पेलमेन कॉलेज में अर्थशास्त्र की पढ़ाई कर रही थी। इसके बाद वह कोलंबिया यूनिवर्सिटी में उच्च शिक्षा के लिए दाखिला लेने वाली थी।

मोरे हाउस में पढ़ाई करते समय 17 साल की उम्र में किंग ने धर्मोपदेशक बनने का महत्त्वपूर्ण फैसला किया। बाद में अपने इस फैसले को याद करते हुए किंग ने कहा था, "मानवता की सेवा करने की आंतरिक इच्छा के चलते उन्होंने इस तरह का फैसला किया था। इसके बावजूद धार्मिक कर्मकांडों को लेकर उनके मन में संदेह बना हुआ था और वह 'बुद्धि संगत' रवैया अपनाने के पक्ष में थे। वह चाहते थे कि धर्मोपदेशक के रूप में उनकी शक्ति का

विचारों और सामाजिक प्रतिरोध के लिए इस्तेमाल किया जा सके।"

अश्वेत चर्चों में प्रचलित कुछ मान्यताओं को लेकर वह खुद को सहज महसूस नहीं कर रहे थे, मगर चर्च की परंपराओं से वह गहरा लगाव महसूस करते थे। उन्हें संगीत पसंद था और वह खुद भी अच्छे गायक थे। दासता के अनुभवों से एक समुदाय सृजित करनेवाले लोगों के संघर्ष के इतिहास का वह आदर करते थे। उनके मन में कई धार्मिक नेताओं के नेतृत्व की क्षमता को लेकर सराहना का भाव था। वह अपने पिता के साथ-साथ रेवरेंड विलियम होल्म्स बोडर्स के प्रशंसक थे। बोडर्स अटलांटा के ह्वीट स्ट्रीट चर्च से जुड़े हुए थे और बेहतरीन शैक्षणिक पृष्ठभूमि वाले प्रभावशाली वक्ता थे। वह अटलांटा के प्रथम अश्वेत धर्मोपदेशक थे, जिन्हें एक रेडियो कार्यक्रम की मेजबानी करने का अवसर मिला था। किशोरावस्था में किंग अकसर रेडियो से कान लगाकर रेवरेंड बोडर्स के प्रवचन को सुना करते थे। उनके मन में संकल्प पैदा हो रहा था कि वह भी एक वक्ता बनेंगे और सामाजिक तथा राजनीतिक बदलाव लाने की कोशिश करेंगे।

जब उन्होंने अपने माता-पिता को अपनी इच्छा के बारे में बताया तो पिता अत्यंत खुश हुए और तत्काल एबेनेजर प्रबंधन को सूचित कर दिया कि उनका पुत्र धर्मोपदेशक बनना चाहता था। एबेनेजर और अन्य अश्वेत बैपटिस्ट चर्च की परंपरा के अनुसार रेवरेंड किंग ने चर्च में अपने पुत्र के प्रवचन का कार्यक्रम निर्धारित किया।

एक रविवार की दोपहर में चर्च के बेसमेंट में लोगों की भीड़ इकट्ठी हुई, जहाँ इस तरह के प्रवचन के कार्यक्रम आयोजित किए जाते थे। धर्मोपदेशक के पुत्र के प्रथम प्रवचन के लिए वह जगह सही नहीं थी। इस बात को महसूस कर किंग के पिता ने श्रोताओं से मुख्य सभाकक्ष में जाने के लिए कहा।

अपना प्रवचन तैयार करते समय किंग ने न्यूयॉर्क के रिवर साइड चर्च के हैरी इमर्सन फेसडिक के प्रकाशित प्रवचन की सहायता की थी। किंग चर्च में प्रवचन देने के लिए वहीं खड़े थे, जहाँ खड़े होकर उनके नाना और पिता प्रवचन देते रहे थे। सबकी नजरें उनकी तरफ टिकी हुई थीं। किंग ने गहरी आवाज और संतुलित वक्तव्य के जरिए श्रोताओं को अभिभूत कर दिया। उन्होंने किसी अनुभवी धर्मोपदेशक की तरह वक्तव्य दिया।

इस कार्यक्रम के बाद प्रबंधन ने रेवरेंड किंग के अनुरोध पर युवा किंग को एबेनेजर का धर्मोपदेशक बनाने के प्रस्ताव को मंजूरी दे दी। वह आधिकारिक

तौर पर चर्च के सहायक पेस्टर बना दिए गए। फरवरी 1948 में मोरे हाउस में अंतिम वर्ष में पढ़ते समय उन्हें धर्मोपदेशक का दर्जा प्रदान किया गया।

मोरे हाउस में पढ़ते समय किंग सबको प्रभावित कर रहे थे। धर्मोपदेशक बन जाने के कारण सभी उनको अच्छी तरह पहचानने लगे थे। अटलांटा क्षेत्र के विभिन्न श्वेतों और अश्वेतों के कॉलेजों के संयुक्त समूह की उन्होंने सदस्यता ले ली। यह समूह हर महीने सामाजिक मुद्दों पर विचार करने के लिए बैठक आयोजित करता था। इस समूह के जरिए किंग ने सबसे पहले अश्वेत समुदाय से बाहर भी अपनी विशिष्ट पहचान बनाई। इस समूह के सदस्य बनकर उन्होंने सभी श्वेतों से घृणा करने की मानसिकता में बदलाव लाया। बाद में उन्होंने कहा कि इन बैठकों के जरिए उनका क्षोभ घटता गया और वह सहयोग के विकल्प के बारे में सोचने लगे। टकराव की मानसिकता में परिवर्तन आता गया। वह विभिन्न नस्लों के बीच दीवार तोड़ने और साझी जमीन तैयार करने की दिशा में अपनी निर्णायक भूमिका के बारे में विचार करने लगे।

जून 1948 में सोशियोलॉजी में डिग्री के साथ उन्होंने ग्रेजुएट की पढ़ाई पूरी की। उसी दिन उनकी बहन क्रिस्टिन को स्पेलमेन कॉलेज से स्नातक की डिग्री मिली।

हालाँकि पिता ने किंग को आगे की पढ़ाई जारी रखने के लिए प्रोत्साहित नहीं किया; लेकिन युवा धर्मोपदेशक ने कुछ समय के लिए अटलांटा छोड़कर पेनसिल्वेनिया की फ्रोजर थियोलॉजिकल सेमिनरी में जाकर पढ़ाई करने का फैसला किया। जीवन में घटनाओं का प्रवाह बढ़ गया था। किंग 19 साल के थे और उन्हें अभी काफी कुछ सीखना था, जीवन के नए अनुभवों को प्राप्त करना था। सन् 1948 में किंग देश के उत्तर में स्थित छोटे औद्योगिक नगर चेस्टर पहुँच गए।

फ्रोजर

फ्रोजर थियोलॉजिकल सेमिनरी की जड़ें गृहयुद्ध की अवधि से जुड़ी हुई हैं। फिलाडेल्फिया के पास सन् 1857 में मुख्य भवन का निर्माण किया गया था। युद्ध के समय इस भवन में अमेरिकी सेना के लिए अस्पताल का संचालन किया जा रहा था। फ्रोजर में पढ़ रहे तकरीबन 100 छात्रों में कई श्वेत छात्र शामिल थे।

19 वर्ष के किंग अपनी कक्षा के ज्यादातर सहपाठियों की तुलना में उम्र

में छोटे थे, हालाँकि अटलांटा से 800 मील दूर श्वेत छात्रों के लिए बनाए गए शैक्षणिक संस्थान में किंग के अध्ययन करने के निर्णय से उनके पिता खुश नहीं थे। इसके बावजूद वह नहीं चाहते थे कि उनके पुत्र को किसी तरह की परेशानी हो, इसलिए वह हर संभव मदद करने के लिए तत्पर थे। उन्होंने बेलपरी बैपटिस्ट चर्च के पेस्टर जे. पायस बारबर से बात की थी। जब किंग चेस्टर पहुँचे तो उनकी अगवानी करने के लिए बारबर मौजूद थे।

लंबे कद के बारबर का व्यक्तित्व किंग के पिता से मिलता-जुलता था। चेस्टर पहुँचने के बाद किंग अध्यक्ष बारबर के घर में रात्रिभोज में शामिल होने के लिए जाते थे। श्रीमती ओली बारबर के हाथों के बनाए लजीज भोजन का स्वाद चखने के अलावा किंग स्थानीय अश्वेत समुदाय और चर्च की गतिविधियों पर चर्चा भी करते थे। बारबर चर्चा में भाग लेने के लिए किंग के सहपाठियों को भी आमंत्रित करते थे।

माँ को लिखे गए एक शुरुआती पत्र में किंग ने अपनी पढ़ाई का उल्लेख करने के साथ-साथ एक लड़की के साथ अपनी मित्रता के बारे में भी बताया था, जो उन्हें अटलांटा में मिली थी। उन्होंने लिखा – "यहाँ आकर मेरी मुलाकात कई लड़कियों से हुई है। बारबर ने चर्च के सदस्यों को बताया है कि मैं धनी परिवार से ताल्लुक रखता हूँ, इसलिए लड़कियाँ मेरी तरफ आकर्षित हो रही हैं। हालाँकि उनमें मेरी दिलचस्पी नहीं है, क्योंकि मैं पढ़ाई पर ध्यान दे रहा हूँ। मैं अकसर बारबर के घर में खाना खाता हूँ। मैं उनसे मिलकर काफी प्रभावित हुआ हूँ।"

बारबर के जरिए किंग ने अश्वेत चर्च के साथ अपने रिश्ते को कायम रखा। वह फेलवरी चर्च के संडे स्कूल में पढ़ाते थे और कभी-कभार प्रवचन भी देते थे। किंग महान् दार्शनिकों और चिंतकों की रचनाओं का अध्ययन कर रहे थे। बारबर विश्व के प्रति उनके दृष्टिकोण का विकास करने में मदद कर रहे थे। फ्रोजर में विद्यार्जन के जरिए जहाँ किंग अपने नजरिए का विकास कर रहे थे, वहीं धर्मोपदेशक की परंपरा से भी बहुत कुछ सीख रहे थे।

किंग के लिए फ्रोजर पहला शैक्षणिक संस्थान था, जहाँ रंगभेद लागू नहीं था। दूसरे शैक्षणिक सत्र में जब वाल्टर मैकाल किंग के सहपाठी बने तो वह अपने मित्र की दिनचर्या में बदलाव देखकर दंग रह गए। फ्रोजर में आकर किंग श्वेत विद्यार्थियों की चुनौती को स्वीकार कर अपनी योग्यता को साबित करना चाहते थे। रातों में वह देर तक जागते रहते थे और पढ़ाई में तल्लीन रहते थे।

अब उनकी दिनचर्या उन्मुक्त और चिंतामुक्त नहीं रह गई थी। अब उन्हें अनुशासित होकर अध्ययन करते हुए देखा जा सकता था। किंग विश्व-प्रसिद्ध चिंतक प्लेटो, जॉन लॉक, एमेन्यूल फांट आदि के ग्रंथों का अध्ययन कर रहे थे और फ्रोजर से ज्यादा-से-ज्यादा सीखने की कोशिश कर रहे थे। मोरे हाउस में उन्हें औसत अंक मिलते थे, लेकिन फ्रोजर में अब अव्वल छात्र बनने के पथ पर कदम बढ़ा रहे थे।

फ्रोजर में अध्ययन की शुरुआत करते समय किंग ने महसूस किया कि वह अपने प्रति काफी जागरूक हो गए थे, मानो वह श्वेत आबादी को प्रभावित करना चाह रहे थे। वह कक्षा में समय की पाबंदी का खयाल रखते थे। वह साफ-सुथरी पोशाक पहनते थे और अपने कमरे को स्वच्छ रखते थे। इसके अलावा कम उम्र में ही उनके व्यक्तित्व में गंभीरता आ गई थी। उन्होंने कई विद्यार्थियों से दोस्ती कर ली थी और सहजता के साथ दूसरों से घुल-मिल सकते थे। दोस्तों के साथ वह बीयर पीते थे, धूम्रपान करते थे और खेलकूद में भागीदारी करते थे।

लड़कियों के साथ भी किंग की दोस्ती हुई थी। एक लड़की अश्वेत समुदाय की थी और जर्मन पृष्ठभूमि की थी। उसके साथ किंग की घनिष्ठ मित्रता हुई थी। लड़की की माता फ्रोजर में काम करती थी। दोनों के बीच नजदीकियाँ बढ़ती देखकर बारबर ने किंग को दूसरे नस्ल की लड़की के साथ रिश्ता कायम करने में होनेवाली परेशानी के संबंध से सतर्क किया। उन्होंने बताया कि इस तरह का प्रेम संबंध बनाकर किंग घर लौटकर धर्मोपदेशक की भूमिका किस तरह निभा सकते थे? व्यावहारिक सुझाव होने के बावजूद बारबर की नसीहत सुनकर किंग परेशान हो उठे। एक बार फिर रंगभेद का मसला उनके जीवन के केंद्र में आ गया था। इसके बाद किंग ने श्वेत लड़की से नाता तोड़ लिया था।

उस दौरान किंग के शैक्षणिक लेखों में स्पष्ट नजरिया उजागर नहीं हो रहा था। विभिन्न ग्रंथों के विचारों को वह ग्रहण कर अपने लेख तैयार कर रहे थे और उनमें मौलिकता की कमी दिखाई दे रही थी। थियोलॉजी की दुनिया में दूसरे विचारकों के मतों को ग्रहण करने की परंपरा थी। धर्मोपदेशक दूसरे विचारकों के उद्धरणों का धड़ल्ले से इस्तेमाल किया करते थे। प्रवचन के मामले में दूसरे के विचारों का इस्तेमाल करना अलग बात थी। वहीं शैक्षणिक क्षेत्र में इस तरह की परंपरा का अलग अर्थ था।

किंग लगन से पढ़ाई करते थे और शिक्षक उनसे प्रभावित थे। उन्हें अच्छे अंक मिल रहे थे। शिक्षकों को लगता था कि किंग में असीम संभावनाएँ थीं और भविष्य में वह अपनी विशिष्ट पहचान बनाने वाले थे, इसलिए लेखों में मौलिकता की कमी को वे नजरअंदाज कर देते थे।

इसके अलावा भाषण कला में दक्ष होने के कारण किंग ने सभी को प्रभावित किया था। छात्र संगठन के सदस्य उनके प्रवचन को पसंद करते थे और उनके कार्यक्रम में भारी संख्या में विद्यार्थी मौजूद रहते थे। जब भी फ्रोजर परिसर में खबर फैलती कि किंग का भाषण होने वाला है तो लोग उन्हें सुनने के लिए बेताब हो उठते थे। किंग की जिन खूबियों को विश्व के लाखों लोगों ने बाद में देखा था, उन खूबियों का बीजारोपण फ्रोजर में ही हो चुका था। छात्र देखते थे कि किस तरह किंग सधी हुई आवाज में हास्य के पुट के साथ अपनी बातें कहते थे, आवाज में उतार-चढ़ाव का पूरा ध्यान रखते थे और किस तरह अपने भाषण का जोरदार समापन करते थे।

वरिष्ठ कक्षा के विद्यार्थियों के संगठन के अध्यक्ष के रूप में किंग ने दीक्षांत भाषण दिया था। असाधारण छात्र के रूप में उन्हें पुरस्कार भी प्रदान किया गया था और अपनी पसंद से किसी भी विश्वविद्यालय में आगे की पढ़ाई करने के लिए छात्रवृत्ति भी मिली थी। उन्हें 'बेचलर ऑफ डिवाइन' डिग्री मिल गई थी।

मगर किंग अभी जॉर्जिया में जाकर धर्मोपदेशक का कार्य शुरू करने के लिए तैयार नहीं थे। उन्हें लग रहा था कि किसी मशहूर विश्वविद्यालय से डॉक्टरेट की डिग्री लेने पर अश्वेत धर्मोपदेशकों के बीच उनकी अलग पहचान बन सकती थी। वह फ्रोजर की सफलता से उत्साहित थे। उन्होंने बोस्टन यूनिवर्सिटी के स्कूल ऑफ थियोलॉजी में दाखिला लेने का फैसला किया।

फ्रोजर में उनकी बौद्धिक जिज्ञासा तीव्र हो गई थी और उन्होंने धर्मोपदेशक बनने का महत्त्वपूर्ण फैसला किया था। फ्रोजर में ही उनका परिचय महात्मा गांधी के विचारों से हुआ था, जिससे बाद में उनकी सामाजिक एवं धार्मिक विचारधारा ठोस आकार लेने वाली थी।

महात्मा गांधी और अहिंसक प्रतिरोध

किंग के पिता से एक बार पूछा गया था कि क्या उन्होंने अपने पुत्र के

बचपन में महानता के लक्षण देखे थे, तो उन्होंने कहा था, "नहीं! जब उसने ईसाई मत के साथ गांधी को जोड़ा, तभी महानता की दिशा में कदम बढ़ाया।"

अपने कार्यालय में अपने आदर्श पुरुष महात्मा गांधी के चित्र के साथ मार्टिन

गांधी के जीवन-दर्शन का अध्ययन करते हुए किंग इस बात से सर्वाधिक प्रभावित हुए कि अहिंसक प्रतिरोध की शक्ति का प्रयोग कर हालात में परिवर्तन किया जा सकता है।

फ्रोजर में अमेरिकी विचारक ए.जे. मुस्टे का भाषण सुनकर किंग को सबसे पहले महात्मा गांधी के सिद्धांतों का पता चला था। महात्मा गांधी के विचारों पर गौर करते हुए किंग ने अपने देश में रंगभेद की समस्या के बारे में सोचा था। हालाँकि शुरू-शुरू में गांधी के प्रयोग को अपने देश में दोहराने को लेकर उनके मन में शंकाएँ भी थीं।

इसी दौरान किंग फिलाडेल्फिया गए, जहाँ उन्होंने हार्वर्ड विश्वविद्यालय के अध्यक्ष मोर्डीकार्ड जॉनसन का भाषण सुना। भारत की यात्रा से लौटे जॉनसन महात्मा गांधी के प्रयोग की सराहना कर रहे थे। किंग इस नतीजे पर पहुँचे कि गांधी का तरीका कारगर था। सक्रिय, स्पष्ट असहयोग आंदोलन के जरिए अपनी माँग के लिए आवाज बुलंद की जा सकती थी। वह समझ गए थे कि वंचितों को न्याय दिलाने के लिए बहिष्कार, हड़ताल, विरोध प्रदर्शन आदि अहिंसक तरीके कारगर साबित हो सकते थे। उन्हें अहसास होने लगा था कि रंगभेद मिटाने के लिए यही आदर्श मार्ग हो सकता था। भाषण से प्रभावित होकर किंग ने गांधी दर्शन से संबंधित कई पुस्तकें खरीद ली थीं।

बाद में किंग ने लिखा – "गांधीजी ने घृणा की दीवारों को तोड़ते हुए मानवीय प्रेम को सामाजिक शक्ति के रूप में रूपांतरित कर दिया था।" उन्होंने

लिखा था – "अमेरिका में रंगभेद की समस्या को हल करने के लिए गांधीजी की अहिंसा का सिद्धांत एकमात्र तर्कसंगत और नैतिक तरीका हो सकता है।"

जब बाद में किंग की हत्या की गई तब उनकी जेब से अन्य चीजों के अलावा कागज का एक टुकड़ा भी मिला, जिस पर गांधीजी का यह संदेश हाथ से लिखा हुआ था – "मृत्यु के बीच जीवन धड़कता है, अँधेरे के बीच उजाला चमकता है।" गांधीजी की राह पर चलते हुए किंग जीवन और उजाले को स्वीकार करने के लिए तैयार थे।

□

बोस्टन और फोरेटा

सितंबर 1951 के आरंभिक हिस्से में किंग अपना सामान बाँधकर ग्रेजुएशन की पढ़ाई पूरी करने पर पिता की तरफ से दी गई हरे रंग की चेवरोलेट कार में सवार हुए और देश की उत्तरी दिशा की तरफ उच्च अध्ययन के लिए रवाना हो गए। उन्होंने बोस्टन यूनिवर्सिटी के स्कूल ऑफ थियोलॉजी में दाखिला लिया। फ्रोजर में किंग के एक प्रिय अध्यापक रेमंड बीन ने बोस्टन यूनिवर्सिटी से ही पढ़ाई की थी और वह विद्यार्थियों से कहते थे कि बोस्टन यूनिवर्सिटी में अश्वेतों को परेशानी का सामना नहीं करना पड़ता था।

अस्थायी रूप से किंग रंगभेद प्रणाली से ग्रस्त दक्षिणी हिस्से को छोड़ आए थे, मगर बोस्टन में भी उन्हें रंगभेद के विविध रूपों का दर्शन हो जाता था। बाद में उन्होंने कहा, "मुझे याद है कि मैं रहने के लिए एक जगह की तलाश कर रहा था। मैं ऐसी जगहों पर जा रहा था, जहाँ लिखा था कि किराए का घर खाली है। खाली रहने के बावजूद घर मालिकों को जैसे ही पता चलता था कि मैं एक अश्वेत हूँ, वे घर देने से मना कर देते थे।"

आखिरकार मैसाचुसेट्स और कोलंबस एवेन्यू के बीच किंग को रहने के लिए एक अपार्टमेंट मिल गया। वह घर बोस्टन के बीच अश्वेत आबादी के केंद्र-बिंदु में स्थित था। इस इलाके के रेस्टोरेंटों और जॉज हॉलों में सजे-धजे

ग्राहकों की भीड़ उमड़ती थी, जहाँ विश्व स्तरीय कलाकारों के कार्यक्रम आयोजित होते थे। "मैं महसूस कर रहा था कि देश का वह हिस्सा अलग किस्म का था।" किंग ने कहा था, "उस इलाके में स्लेड्स, सेवोच, हाई हिट जॉज क्लब आदि रेस्टोरेंट व क्लब स्थित थे, जहाँ हर वर्ग के लोग आते थे। यह एक जीवंत और प्रगतिशील इलाका माना जाता था।"

किंग के एक सहपाठी जॉन कार्टराइट ने उन दिनों को याद करते हुए कहा कि किंग पी-एच.डी. की पढ़ाई करने में जुटे थे और सामान्य नवयुवक नजर आते थे, जो सभी से घुलते-मिलते थे। किंग मजाक करते थे। लड़कियों से उनकी दोस्ती थी।

बोस्टन यूनिवर्सिटी में पढ़ते समय किंग डीन वाल्टर मॉल्डर और प्रो. एलेन नाइट चाल्मर्स से बेहद प्रभावित हुए थे। दोनों ही व्यक्ति सामाजिक न्याय के लिए संघर्ष के कारण मशहूर थे। एल. हेरोल्ड डेवोल्फ के मार्गदर्शन में किंग ने अपना शोध कार्य किया। इस दौरान डेवोल्फ से उनकी अच्छी दोस्ती हो गई। उन्होंने एडगर एल. ब्राइटमेन से भी मार्गदर्शन प्राप्त किया। डेवोल्फ और ब्राइटमेन 'निजतापानि' दर्शन में आस्था रखते थे। उनका मानना था कि मनुष्य ईश्वर का सक्रिय सहयोगी होता है। इस रिश्ते से इनसानियत और मानवीय गरिमा के प्रति आदर का भाव उजागर होता है।

बाद में किंग ने लिखा– "1954 में विविध बौद्धिक समूहों के साथ मैंने औपचारिक प्रशिक्षण पूरा कर लिया, जिन समूहों से मुझे सकारात्मक सामाजिक दर्शन सीखने का अवसर मिला। मैंने सीखा कि सामाजिक न्याय हासिल करने के लिए वंचितों के पास अहिंसक प्रतिरोध के रूप में अचूक हथियार मौजूद है। रोचक बात यह है कि इस समय तक मैं महज सैद्धांतिक पहलू से परिचित हो पाया था और अभी तक मैंने इसके सामाजिक स्तर पर प्रयोग के बारे में कोई स्पष्ट मत नहीं बनाया था।"

बोस्टन यूनिवर्सिटी में किंग को संतोषजनक ग्रेड मिले। उनके शोध-पत्र में मौलिकता भी नजर आने लगी। इससे पहले किंग अपने निबंधों में दूसरे विचारकों की सामग्री का धड़ल्ले से इस्तेमाल करते रहे थे। फ्रोजर में उनके अध्यापक उनकी भाषण कला से इतने प्रभावित थे कि वे उनके लेखों के मौलिक पक्ष की तरह ध्यान देने की जरूरत नहीं समझते थे।

किंग केवल यूनिवर्सिटी परिसर में ही लोगों का ध्यान अपनी तरफ आकर्षित नहीं कर रहे थे, बल्कि वे बाहरी गतिविधियों में भी बढ़-चढ़कर

भागीदारी कर रहे थे। उन्होंने थियोलॉजी के एक दर्जन छात्रों को लेकर एक डायलेक्टिकल सोसायटी बनाई थी, जिसकी मासिक बैठकों में दर्शन-शास्त्र और थियोलॉजी के सिद्धांतों पर चर्चा होती थी और रंगभेद की समस्या के संदर्भ में उनकी उपयोगिता पर विचार किया जाता था। किंग स्थानीय चर्चों में प्रवचन भी देते थे। रॉक्सबरी के ट्वेल्फथ बैपटिस्ट चर्च में अकसर उनका प्रवचन होता था।

ईसाई धर्म, बौद्ध धर्म, हिंदू धर्म और इसलाम धर्म का तुलनात्मक अध्ययन करने के साथ-साथ किंग ने हेगेल, मार्क्स आदि विचारकों के ग्रंथों का भी अध्ययन किया। पूँजीवाद, साम्राज्यवाद और अन्य राजनीतिक दर्शनों का भी उन्होंने अध्ययन किया। किंग के मन में सामाजिक अन्याय से लड़ने के लिए महात्मा गांधी के अहिंसक प्रतिरोध के दर्शन के प्रति आदर का भाव उमड़ने लगा। वे इस नतीजे पर पहुँचे कि अहिंसक प्रतिरोध के जरिए अन्याय को चुनौती दी जा सकती है और हालात में परिवर्तन लाया जा सकता है। उनका मानना था कि अहिंसक प्रतिरोध के साथ साहस और नैतिक शक्ति जुड़ी है।

किंग बोस्टन में अविवाहित जीवन की आजादी का लुत्फ उठा रहे थे। सप्ताहांत में वह एक जाज क्लब से दूसरे जाज क्लब में पहुँच जाते थे। कई लड़कियों से उनकी दोस्ती थी। उनके एक मित्र ने दोस्ताना अंदाज में उन्हें सावधान किया था कि उनके मित्र उनसे काफी अपेक्षाएँ रखते थे और उन्हें अपना समय इस तरह बरबाद नहीं करना चाहिए।

लेकिन अध्ययन के बीच तफरीह का जो सिलसिला चल रहा था, उसमें अचानक एक मोड़ आ गया। किंग के मित्र जॉन कार्टराइट ने बाद में उन दिनों को याद करते हुए कहा, "हम लोग तेजी से न्यू इंग्लैंड कंजरवेटरी ऑफ म्यूजिक की तरफ आकर्षित होते गए। हमने एक ही स्थान पर इतनी सारी प्रतिभाशाली लड़कियाँ पहले कभी नहीं देखी थीं।"

उन्हीं लड़कियों में से एक के साथ कंजरवेटरी में किंग की मुलाकात हुई। फोरेटा स्कॉट नामक वह लड़की किंग के जीवन की दिशा को जल्द बदलने वाली थी।

फोरेटा से विवाह

27 अप्रैल, 1927 को अलबामा के मेरियन में जनमी फोरेटा स्कॉट का बचपन अपने माता-पिता ओबी लियोनार्ड स्कॉट और बर्नीस मैफमरी स्कॉट के

अपने विवाह के अवसर पर मार्टिन व फोरेटा

फार्म में गुजरा था। फोरेटा के नाना आंशिक रूप से अमेरिकी इंडियन थे। उनके बाल काले और शरीर का रंग गोरा था, जैसा रंग फोरेटा का था। फोरेटा के दादा जेफ स्कॉट एक किसान थे और ग्रामीण अश्वेत समुदाय के बीच, खासतौर पर चर्च के मामलों में, अग्रणी व्यक्ति माने जाते थे।

मेरियन शहर के सर्वाधिक कामयाब अश्वेत व्यक्तियों में से एक ओबी स्कॉट ने शहर में सबसे पहले ट्रक खरीदा था, जिसके जरिए वह अपना कारोबार चलाते थे। अपने आसपास के नस्लगत माहौल के बीच ही वह स्वाभिमान के साथ जीने का प्रयास कर रहे थे।

विपरीत परिस्थितियों का सामना करते हुए ओबी और बर्नीस स्कॉट ने इतना धन जुटा लिया था, जिसकी मदद से वे अपने बच्चों को कॉलेजी शिक्षा हासिल करने के लिए प्रेरित कर सकते थे।

अपनी बहन एडीथे और भाई ओबी जूनियर के साथ फोरेटा हमेशा इस बात को लेकर आशंकित रहती थी कि कहीं उसके पिता हिंसा के शिकार न हो जाएँ। दक्षिणी हिस्से में श्वेतों के वर्चस्व को चुनौती देनेवाले अश्वेत व्यक्तियों के खिलाफ हिंसा आम बात थी। ओबी स्कॉट ने मेहनत और लगन से अपनी अलग पहचान बनाई थी। इस दौरान उन्हें नस्लगत अपमानों का भी सामना करना पड़ा था। फोरेटा के एक चाचा की हत्या कर दी गई थी।

"1942 में हमारा घर एक सप्ताहांत के दिन जल गया। हमें संदेह था कि

किसी ने हमारे घर में आग लगा दी थी।" फोरेटा ने बाद में याद करते हुए कहा था, "1940 के दशक के नस्लगत और राजनीतिक माहौल से हम अछूते नहीं रह सकते थे। पिताजी ने हिम्मत नहीं हारी। उन्होंने नए घर का निर्माण किया और पूँजी जुटाकर एक लकड़ी मिल खरीद ली। जब उन्होंने एक श्वेत व्यक्ति को मिल बेचने से इनकार कर दिया तो उन्हें जान से मारने की धमकी दी गई। दो सप्ताह बाद पिताजी की मिल को जला दिया गया। अब पिताजी के पास दूसरों के लिए काम करने के सिवा कोई विकल्प बचा नहीं रह गया था।'

अश्वेतों की शैक्षणिक संस्था 'लिंकन हाई स्कूल' से पढ़ाई पूरी करने के बाद फोरेटा ने अपनी बहन के कदमों का अनुसरण करते हुए येलो स्प्रिंग के एंटीओक कॉलेज में दाखिला लिया। यह एक उदारवादी शैक्षणिक संस्था थी, जिसकी स्थापना वर्ष 1853 में हुई थी। अमेरिका में पब्लिक स्कूल शिक्षा प्रणाली के अग्रदूत होरेस मान इसके प्रथम अध्यक्ष थे। उन्होंने जब सुना था कि इस संस्था में पुरुषों के समान स्त्रियों को भी शिक्षा का समान अधिकार दिया जाएगा तब वह इसके अध्यक्ष बनने के लिए सहमत हो गए थे। एंटीओक कॉलेज कला एवं संस्कृति से जुड़ी गतिविधियों का विशिष्ट केंद्र बन गया था और शिक्षा के क्षेत्र में भी उसने विशिष्ट पहचान बना ली थी।

शिक्षा एवं संगीत विषयों में डिग्री हासिल करने के बाद फोरेटा यह जानकर हताश हो गई कि अश्वेत होने की वजह से उन्हें किसी पब्लिक स्कूल में अध्यापक बनने का अवसर नहीं मिलने वाला था। फोरेटा कई जन-अधिकार संगठनों से जुड़ गई। वह एन.ए.ए.सी.पी. की एंटीओक शाखा और यंग प्रोग्रेसिव की सदस्य बन गई। सन् 1948 में फोरेटा प्रोग्रेसिव पार्टी के अधिवेशन में प्रतिनिधि के रूप में शामिल हुईं। 1949 में एंटीओक से उन्हें संगीत और बुनियादी शिक्षा विषयों में बी.ए. की डिग्री मिली।

फोरेटा की असाधारण संगीत प्रतिभा को देखते हुए उनके शिक्षकों ने एक म्यूजिक कंजरवेटरी में उन्हें उच्च शिक्षा हासिल करने के लिए प्रेरित किया। सन् 1951 में जेसी स्मिथ नोएट फाउंडेशन के अनुदान की सहायता से उन्होंने बोस्टन में स्थित न्यू इंग्लैंड कंजरवेटरी ऑफ म्यूजिक में दाखिला लिया, जहाँ से उन्होंने गायन कला में न्यूज.बी. की डिग्री हासिल की।

एक मित्र मेरी पावेल के माध्यम से किंग की मुलाकात फोरेटा से हुई। शुरुआत में फोरेटा धर्म-दर्शन के युवा छात्र से मिलते हुए हिचक रही थीं। "जब मेरी ने बताया कि नौजवान एक धर्मोपदेशक था तो मेरी उसमें दिलचस्पी

खत्म हो गई थी, क्योंकि मेरे जेहन में परंपरागत पादरियों के चेहरे घूमने लगे थे, जो संकीर्ण सोच रखनेवाले होते थे।" इसके अलावा फोरेटा संगीत जगत् में एक कैरियर बनाने का सपना देख रही थी और एक धर्मोपदेशक के साथ रिश्ता कायम करना उन्हें गैर-जरूरी लग रहा था।

लेकिन मेरी पॉवेल ने किंग के परिवार का परिचय देते हुए कहा कि किंग रोक्सबरी के ट्वेल्फ्थ बैपटिस्ट चर्च में भी बीच-बीच में प्रवचन दे रहे थे। मेरी के आग्रह को देखते हुए फोरेटा किंग से मिलने के लिए तैयार हो गईं। फोन पर हुई पहली बातचीत के अंत में किंग ने फोरेटा से कहा, "मैं बोस्टन यूनिवर्सिटी से आ रहा हूँ। हालाँकि मुझे दस मिनट लगता है, मगर कल मैं सात मिनट में पहुँच जाऊँगा।" दोनों ने मैसाचुसेट्स एवेन्यू के शराफ रेस्टोरेंट में मिलना तय किया था।

"वह नौजवान जब दृढ़ता के साथ समझदारी से भरपूर बातचीत करने लगा तो मेरी उसमें दिलचस्पी बढ़ती गई।" फोरेटा ने बाद में कहा, "बातचीत के दौरान लगता है, मैंने भी कुछ समझदारी भरी बातें कहीं, जिसे सुनकर वह बोला–देख रहा हूँ, संगीत के अलावा तुम दूसरी चीजों के बारे में भी काफी कुछ जानती हो।"

"उस नौजवान में जो संवेदनशीलता, बुद्धिमत्ता और अपने लक्ष्य के प्रति समर्पण का भाव नजर आ रहा था, वैसा दूसरे युवकों में शायद ही नजर आता था।" फोरेटा ने लिखा, "वह एक अच्छा डांसर भी था। उसमें गजब का हास्य-बोध था और जो भी उसके संपर्क में आता था, जिसमें मैं भी शामिल थी, वह सभी को विशिष्ट होने का अहसास करवाता था।"

किंग जब फोरेटा से मिले तो उसके सौंदर्य, व्यक्तित्व और खूबियों ने उनका दिल जीत लिया। जल्दी ही उन्होंने विवाह करने का फैसला कर लिया। किंग फोरेटा को एक पार्टी में ले गए। जब दूसरी युवतियाँ किंग का ध्यान अपनी तरफ आकर्षित करने की कोशिश कर रही थीं, किंग शांत होकर फोरेटा के पास मौजूद थे और सिर्फ फोरेटा की तरफ ध्यान दे रहे थे। किंग फोरेटा को बोस्टन सिंफोनी हॉल ले गए, जहाँ दोनों ने मशहूर पियानो वादक अर्टर रूबिंस्टन का पियानो वादन सुना। दोनों बर्फ पर स्केटिंग करने गए। दोनों के बीच दर्शनशास्त्र के सिद्धांतों पर गहन चर्चा हो रही थी। दोनों एक साथ प्रकृति की गोद में विचरण करने लगे।

किंग ने फोरेटा को धर्मोपदेशक के जीवन के बारे में बताया और

यह भी बताया कि उनके पिता उनसे उम्मीद रखते थे कि वह अटलांटा की जान-पहचान वाली एक लड़की से विवाह करेंगे और एबेनेजर बैपटिस्ट चर्च में धर्मोपदेशक का जीवन व्यतीत करेंगे। फिर किंग ने बताया कि वह अटलांटा की लड़की से विवाह नहीं करने वाले थे। दोनों ने विवाह के बारे में बातें कीं। किंग ने कहा कि पत्नी को घर में रहकर बच्चों की देखभाल करनी चाहिए और यह जिम्मेदारी किसी दूसरे पर नहीं छोड़नी चाहिए। उन्होंने कहा कि वह ऐसी पत्नी चाहते हैं, जो अपने विचारों को उनके ऊपर थोपने की कोशिश न करें। उन्हें ऐसी जीवनसंगिनी की तलाश थी, जो उनके सपनों को बाँट सके और जो सामाजिक मुद्दों से लड़ सके। जो महज प्रेमिका न हो बल्कि सच्चे अर्थों में सहधर्मिणी भी हो। आखिर में उन्होंने फोरेटा के सामने विवाह का प्रस्ताव रख दिया।

हालाँकि दोनों की पृष्ठभूमियों में भिन्नता को लेकर फोरेटा हिचक रही थीं और उन्हें यह भी लग रहा था कि किंग के साथ विवाह करने के बाद गायन के क्षेत्र में उनका कैरियर बना पाना मुमकिन नहीं होने वाला था, इसके बावजूद फोरेटा ने विवाह के प्रस्ताव को स्वीकार कर लिया।

18 जून, 1953 को दोनों का विवाह स्कॉट परिवार के लॉन में संपन्न हुआ। किंग के पिता जहाँ पादरी की भूमिका निभा रहे थे, वहीं फोरेटा की बहन एडीथे बेगली मेड ऑफ ऑनर की भूमिका निभा रही थी। किंग के भाई रेवरेंड ए. डी. किंग ने 'बेस्ट मैन' की भूमिका निभाई।

दोनों ने स्कॉट परिवार के एक मित्र के घर में सुहागरात मनाई।

बाद में जॉन कार्टराइट ने कहा, 'अगर किंग बोस्टन नहीं आते तो कभी उनकी मुलाकात फोरेटा से नहीं होती। अगर फोरेटा जैसी गुणी और विदुषी लड़की उन्हें नहीं मिलती तो फिर उनके लिए विलक्षण जीवन गुजारना भी संभव नहीं होता।"

किंग दंपती की चार संतानें हुईं – योलांडा डेनिस का जन्म 17 नवंबर, 1955 को मोंटगोमरी में हुआ। मार्टिन लूथर किंग तृतीय का जन्म 23 अक्तूबर, 1957 को मोंटगोमरी में हुआ। डेक्स्टर स्कॉट का जन्म 30 जनवरी, 1961 को अटलांटा में हुआ। बनिर्स अलबर्टाइन का जन्म 28 मार्च, 1963 को अटलांटा में हुआ।

डेक्स्टर एवेन्यू बैपटिस्ट चर्च

किंग अपनी पत्नी के साथ कमरोंवाले एक अपार्टमेंट में रहने लगे और अपनी पढ़ाई को जारी रखा। उनकी कक्षा की पढ़ाई का दौर समाप्त हुआ और अब वह पी-एच. डी. के लिए शोधपत्र लिखने में जुट गए। इसके साथ ही वे गंभीरतापूर्वक अपने भावी जीवन की रूपरेखा तैयार करने लगे। उनके कुछ हितैषियों ने किसी कॉलेज या यूनिवर्सिटी में उन्हें अध्यापक की नौकरी करने की सलाह दी, लेकिन किंग ने धर्मोपदेशक बनने का ही निश्चय किया।

जब किंग ने बोस्टन यूनिवर्सिटी में अध्ययन समाप्त किया, उस समय अलबामा के मोंटगोमरी में स्थित डेक्स्टर एवेन्यू बैपटिस्ट चर्च में पेस्टर की जगह खाली थी। इस चर्च के पादरी वरनोन जोन्स चर्च को सक्रिय भूमिका में देखना चाहते थे और रंगभेद व भेदभाव के खिलाफ सामाजिक आंदोलन का बीजारोपण करना चाहते थे। तेजस्वी और निर्भीक स्वभाव के जोन्स अपने प्रवचन में कहते थे कि 'मोंटगोमरी में अश्वेत की हत्या करना आसान है' और 'मृत्यु के बाद भी रंगभेद जारी रहता है।'

मोंटगोमरी की अश्वेत आबादी डेक्स्टर एवेन्यू बैपटिस्ट चर्च को अपना गौरव समझती थी। शहर के मध्य में कई मशहूर इमारतों के बीच चर्च एक सदी से मौजूद था। इसी चर्च की बगल में अलबामा स्टेट कैपिटल भवन था जहाँ जनवरी 1861 में मिसीसिपी के जेफरसन डेविस ने कॉन्फेडरेशन स्टेट्स ऑफ अमेरिका के अध्यक्ष पद का शपथ ग्रहण किया था। यहीं पर पहली बार संघीय झंडा फहराया गया था।

गृहयुद्ध के बाद अश्वेतों ने बाजार में सबसे पहले एक हॉल का निर्माण किया था, जिसे बाद में चर्च का रूप प्रदान किया गया था। इसी जगह पहले दासों का सौदा किया जाता था। हजारों अश्वेतों की खरीद-फरोख्त यहीं से की जाती थी। इसी जगह वर्ष 1889 में सबसे पहले प्रार्थना सभा आयोजित की गई।

चर्च के अधिकांश अनुयायी जोन्स के बागी विचारों से सहमत थे, मगर वे सामाजिक क्रांति के आह्वान को स्वीकार करने में हिचक रहे थे। जोन्स चर्च में उत्पादों की बिक्री को प्रोत्साहन देकर श्वेतों के व्यापार का बहिष्कार करने का आह्वान कर रहे थे। उन्होंने मोंटगोमरी में एक बस से कई अश्वेत यात्रियों को नीचे उतारकर रंगभेद का विरोध जताया था। चर्च के कई अनुयायियों को लग रहा था कि जोन्स की वजह से चर्च की छवि खराब हो रही थी। सितंबर 1952 में जोन्स को विदा कर दिया गया। चर्च को एक उदार और सहनशील

नेता की जरूरत थी।

डेक्स्टर में जल्दी-जल्दी धर्मोपदेशक बदलते रहे थे। जोन्स के जाने के बाद रॉबर्ट डी. नेसबीट चर्च की देखरेख कर रहे थे। नेसबीट कई समितियों की अध्यक्षता कर रहे थे।

किसी कार्य से अटलांटा आने पर नेसबीट ने अपने एक मित्र से डेक्स्टर में धर्मोपदेशक के खाली पद का उल्लेख किया। मित्र ने एबेनेजर बैपटिस्ट चर्च के पेस्टर सीनियर किंग के पुत्र को इस पद पर बहाल करने का सुझाव दिया, जिनका घर पड़ोस में ही स्थित था। नेसबिट किंग से मिले और उन्होंने किंग को प्रवचन देने के लिए आमंत्रित किया।

सन् 1954 में किंग प्रवचन देने के लिए मोंटगोमरी पहुँचे। डेक्स्टर बैपटिस्ट चर्च एबेनेजर की तरह बड़ा नहीं था। चर्च में तकरीबन 400 लोग मौजूद थे। एबेनेजर में किंग 700 लोगों की सभा को संबोधित कर चुके थे। छोटा होने पर भी डेक्स्टर में अश्वेत आबादी का पढ़ा-लिखा तबका एकत्रित होता था। उनमें कई के पास कॉलेज की डिग्री थी। कई सफल व्यापारी, डॉक्टर एवं शिक्षक थे। मोंटगोमरी के गरीब अश्वेत इस चर्च को 'बड़े लोगों का चर्च' कहकर पुकारते थे। किंग चर्च और उसके अनुयायियों से प्रभावित हुए।

वहाँ उपस्थित लोग भी किंग से काफी प्रभावित हुए। ग्रीष्मकाल में किंग को डेक्स्टर का बीसवाँ पेस्टर बनने का आमंत्रण मिला।

'"मुझे लगता है, वह यहाँ का माहौल देखकर प्रभावित हुए और हम लोग उन्हें देखकर प्रभावित हुए।" नेसबीट ने कहा, "इसके बावजूद एक या दो बुजुर्ग कह रहे थे कि छोटा लड़का हमें कैसे प्रवचन दे सकता है।" नेसबीट ने गुजरे दिनों को याद करते हुए कहा, "मगर मुझे यकीन था कि मैंने सही निर्णय लिया था और ईश्वर ने इस व्यक्ति को खास उद्देश्य के साथ यहाँ भेजा था।" हालाँकि किंग के पास दूसरे चर्चों से भी पेस्टर पद के प्रस्ताव आए थे और कॉलेजों में प्रशासनिक व अध्यापन संबंधी तीन प्रस्ताव आए थे, मगर उन्होंने डेक्स्टर में दो बार प्रवचन देने के बाद डेक्सस्टर के बुलावे को स्वीकार कर लिया।

फोरेटा किंग ने लिखा है– "कंजरवेटरी की पढ़ाई पूरी करने के बाद मैं अटलांटा में सास-ससुर के पास जाकर रहने लगी और किंग बोस्टन में अपनी पढ़ाई पूरी करने के लिए रुक गए। जुलाई के सप्ताहांत में किंग मुझे मोंटगोमरी अपने साथ ले गए, जहाँ उन्होंने अपने अनुयायियों से मुझे मिलवाया। विक्टोरियन शैली का डेक्स्टर चर्च आकर्षक था, जो मोंटगोमरी शहर के मध्य पड़ा था।'

आधिकारिक श्वेतों के वर्चस्ववाला आउबर्न स्क्वेयर में अश्वेतों का चर्च होना अजीब बात थी। मगर इस चर्च का निर्माण पुनर्निर्माण के दिनों में हुआ था, जब गृहयुद्ध के बाद अश्वेतों को कुछ दिनों के लिए आजादी मिल गई थी। उस समय मोंटगोमरी के प्रमुख हिस्सों में अश्वेतों के पास काफी संपत्ति थी, मगर बाद में उन्हें बेदखल कर दिया गया।"

तब तक किंग ने डॉक्टरेट की पढ़ाई पूरी नहीं की थी, इसलिए इस शर्त पर पेस्टर के पद पर उनकी बहाली हुई कि 1 सितंबर, 1954 से पहले उन्हें पूर्णकालिक सेवा देने की जरूरत नहीं होगी। अगले चार महीनों तक किंग बोस्टन और मोंटगोमरी के बीच विमान से आवाजाही करते रहे। जून 1955 में उन्हें पी-एच. डी. की डिग्री मिली।

1 सितंबर, 1954 को किंग अपनी पत्नी के साथ मोंटगोमरी में रहने के लिए आ गए। दो महीने के बाद उनका पदाभिषेक समारोह आयाजित हुआ, जिसमें उनके पिता प्रवचन देने के लिए अटलांटा से आए। उनके पिता अपने साथ तकरीबन 100 परिजनों और मित्रों को लेकर आए थे।

अपना पद सँभालने के बाद किंग ने चर्च के वित्तीय प्रबंधन का तरीका बदल दिया। उन्होंने भवन कोष बनाया और मरम्मत की योजना बनाई। उन्होंने कई मौलिक सुझाव सामने रखे, जिससे सामाजिक परिवर्तन का उनका मकसद उजागर हो रहा था। उन्होंने कहा कि डेक्स्टर के प्रत्येक सदस्य को पंजीकृत मतदाता होना चाहिए और सभी को एन.ए.ए.सी.पी. की सदस्यता लेनी चाहिए। अश्वेत नागरिकों को राजनीतिक रूप से जागरूक बनाने के लिए उन्होंने सामाजिक एवं राजनीतिक कार्यवाही समिति बनाई।

□

मोंटगोमरी में अहिंसक प्रतिरोध

युवा धर्मोपदेशक किंग के पास एक बंदूक थी। लेकिन जल्द ही उन्होंने बंदूक से छुटकारा पा लिया था। इसके बारे में उन्होंने बताया था कि अपने पास हथियार रखना आत्मरक्षा के प्रयास को नहीं जतलाता था, बल्कि इससे आध्यात्मिक क्षति का खतरा बना हुआ था। किंग भाईचारे का प्रचार कर रहे थे। लेकिन उन्हें बार-बार जेल में बंद किया गया। उनके साथ दुर्व्यवहार किया गया, उन्हें धमकाया गया, ठोकरें मारी गईं, चाकू से जानलेवा हमला किया गया और आखिरकार गोली मारकर उनकी हत्या कर दी गई। किंग रंगभेद की समस्या का अहिंसक तरीके से समाधान करना चाहते थे, जो रंगभेद के समर्थकों को पसंद नहीं आया और कम उम्र में ही उनकी हत्या कर दी गई। अश्वेत नेता उनकी अहिंसक नीति को उनकी कमजोरी समझते थे। वहीं उनकी नीतियों को कारगर साबित होते देख श्वेत नेता उनसे नफरत करते थे। किंग अच्छी तरह जानते थे कि प्रतिरोध की भूमिका निभाने की वजह से उनकी जान भी जा सकती थी। उन्होंने केवल साहस के साथ इस चुनौती को स्वीकार ही नहीं किया था, बल्कि जीवन को सार्थक बनाने के लिए इस संघर्ष को वह अनिवार्य भी मानते थे। उन्होंने कहा था, "हर आदमी के पास कोई ऐसा मकसद होना चाहिए, जिसके लिए वह जान दे सके। जिसके पास जान देने

लायक कोई मकसद ही नहीं है, उसे जीने का भी हक नहीं है।" यही उनके जीवन का सूत्र था।

किंग ने अपने जीवन के लिए असंभव नजर आनेवाला लक्ष्य चुन लिया था। दुनिया का ध्यान उन्होंने सन् 1956 में अपनी तरफ आकर्षित किया, जब उनकी 27 साल की थी और वह अलबामा के मोंटगोमरी में धर्मोपदेशक के पद पर नियुक्त होकर आए थे। वर्षों से मोंटगोमरी में सिटी बसों के ड्राइवर अश्वेत यात्रियों के साथ दुर्व्यवहार करते आ रहे थे। अश्वेतों के प्रति किसी तरह का शालीन बरताव नहीं किया जाता था। मोंटगोमरी के तकरीबन 50,000 अश्वेत नागरिक सिटी बसों में प्रचलित रंगभेद की नीति के शिकार हो रहे थे। उसी साल सिटी बसों में रंगभेद के खिलाफ बहिष्कार का सिलसिला शुरू हुआ था। सार्वजनिक जीवन में अपमान झेलने के लिए विवश अश्वेतों ने दक्षिण में प्रचलित रंगभेद की व्यवस्था के खिलाफ बहिष्कार के जरिए पहली बार प्रभावशाली और शांतिपूर्ण जन–प्रतिरोध दर्ज करवाया था। इस आंदोलन का नेतृत्व करते हुए किंग रातोरात जन–अधिकार के संघर्ष के अग्रणी अमेरिकी नेता बन गए थे। वर्षों से नेशनल एसोसिएशन फॉर दि एडवांसमेंट ऑफ कलर्ड पीपुल्स नामक संगठन अदालत में इस अन्याय के खिलाफ कानूनी संघर्ष करता रहा था। लेकिन अब मोंटगोमरी बस बहिष्कार अभियान के बाद रंगभेद–विरोधी आंदोलन अहिंसक प्रतिरोध का पर्याय बन चुका था और किंग इसके सर्वमान्य नेता बन चुके थे।

एक अश्वेत महिला के पाँव में दर्द होने के कारण इस विवाद की शुरुआत हुई थी। 1 दिसंबर, 1955, बृहस्पतिवार की शाम मोंटगोमरी की एक सिटी लाइन बस कोर्ट स्क्वेयर से अगले पड़ाव की तरफ बढ़ रही थी। बस में 24 अश्वेत यात्री पीछे के क्रम से और 12 श्वेत नागरिक आगे के क्रम से बैठे हुए थे। एंपायर थिएटर स्टॉप पर बस में 6 श्वेत नागरिक सवार हुए। हमेशा की तरह ड्राइवर पीछे की तरफ बढ़ा और सामने बैठे अश्वेत यात्रियों से उठने के लिए कहा, ताकि श्वेत यात्री बैठ सकें। 3 अश्वेत खड़े हो गए; मगर रोजा पार्क्स नामक महिला उठने के लिए तैयार नहीं हुई। वह महिला पहले नेशनल एसोसिएशन फॉर दि एडवांसमेंट ऑफ कलर्ड पीपुल्स की सचिव रह चुकी थी। महिला ने किसी योजना के तहत उठने से इनकार नहीं किया था। महिला ने थकान की वजह से ड्राइवर की बात मानने से इनकार कर दिया था। वह महिला एक ऐसे समुदाय का प्रतीक बन गई थी, जो 350 वर्षों के अन्याय के

चलते थककर चूर हो गया था। वह समुदाय अब अन्याय से निजात पाना चाहता था। "मैं सचमुच नहीं जानती कि उठने के लिए मैं क्यों तैयार नहीं हुई।" रोजा पार्क्स ने कहा, "इसके पीछे किसी तरह की योजना नहीं थी। खरीदारी की वजह से मैं थक गई थी। मेरे पाँव में दर्द हो रहा था।" रोजा पार्क्स को ड्राइवर के निर्देश पर बैठने के नियम का उल्लंघन करने के आरोप में गिरफ्तार कर लिया गया और 10 डॉलर का जुर्माना लगाया गया।

अश्वेत नागरिकों को इस तरह के अपमान और दंड सहने की आदत पड़ चुकी थी; मगर जब उस महिला को दंडित किया गया तो ऐसा तूफान शुरू हुआ, जिसने विश्व इतिहास में एक नए अध्याय का सूत्रपात कर दिया। मोंटगोमरी सिटी लाइन बसों में दुर्व्यवहार के चलते अश्वेत समुदाय अपने आपको अपमानित महसूस कर रहा था। बसों में सफर करनेवाले यात्रियों में 70 फीसदी तादाद अश्वेतों की होती थी। बस का टिकट खरीदने के बाद अश्वेत यात्रियों को रंगभेद की पीड़ा को बरदाश्त करना पड़ता था। यह अपमान की पराकाष्ठा थी। अश्वेत यात्रियों को बस के अगले दरवाजे से चढ़कर टिकट खरीदना पड़ता था, फिर उन्हें नीचे उतरना पड़ता था। उसके बाद पिछले दरवाजे से बस के भीतर चढ़कर श्वेत यात्रियों के पीछे बैठना पड़ता था। इतना ही नहीं, अश्वेतों को श्वेत ड्राइवर गालियाँ देते थे और लात-घूँसे भी मारते थे।

रातोरात अश्वेतों की बस्तियों में संदेश फैल गया – रोजा पार्क्स का समर्थन करें। सोमवार को बसों में यात्रा न करें। इस आह्वान की जबरदस्त प्रतिक्रिया हुई। घटना के 48 घंटों के भीतर परचे वितरित किए गए और अश्वेत नागरिकों से एक दिवसीय बस बहिष्कार को सफल बनाने का आह्वान किया गया। सोमवार के दिन मोंटगोमरी के अश्वेत नागरिक पैदल, बग्घी व निजी वाहनों में सवार होकर अपने कार्य-स्थलों पर गए। लेकिन उन्होंने बस में सफर नहीं किया। अश्वेतों के स्वाभिमान की यह जीत थी।

हड़ताल के दिन दो दर्जन अश्वेत धर्मोपदेशकों ने इस हड़ताल को आगे भी जारी रखने का निर्णय लिया। उनकी माँगें सामान्य किस्म की थीं– (1) अश्वेत अभी भी पीछे की सीट पर और श्वेत आगे की सीट पर बैठेंगे मगर जो पहले चढ़ेगा उसे पहले बैठने का अधिकार होगा, (2) अश्वेतों के साथ शालीन व्यवहार किया जाएगा, (3) अश्वेत इलाकों से गुजरनेवाली बसों में अश्वेत ड्राइवरों को नियुक्त किया जाएगा।

इस आंदोलन को तीव्र करने के लिए धर्मोपदेशकों ने मोंटगोमरी इंप्रूवमेंट

एसोसिएशन बनाने का फैसला किया। रेवरेंड मार्टिन लूथर किंग जूनियर को इस संगठन का अध्यक्ष बनाया गया। उनके सहकर्मी उनकी योग्यता से अत्यंत प्रभावित थे और उनके तेजस्वी व्यक्तित्व ने उन्हें अश्वेत समुदाय के परस्पर विरोधी गुटों के बीच भी उन्हें लोकप्रिय बना दिया था।

धीरे-धीरे बस बहिष्कार आंदोलन असरदार बनता गया। कभी यह सुनियोजित रूप से चला तो कभी स्वत:स्फूर्त भावना से। 200 से ज्यादा अश्वेत स्वयंसेवकों ने अश्वेतों की आवाजाही के लिए अपनी कारें मुहैया करवाईं। शहर में अश्वेतों के लिए लगभग 100 पड़ाव निर्धारित किए गए। मोंटगोमरी इंप्रूवमेंट एसोसिएशन के लिए चर्च और जनसभाओं के जरिए चंदे का इंतजाम किया गया। इसके बाद अमेरिका के विभिन्न इलाकों में चंदे की बरसात होने लगी और टोक्यो जैसे दूर-दराज के शहरों से भी लोग आर्थिक सहायता भेजने लगे। सन् 1956 के अंत तक एसोसिएशन 2,25,000 डॉलर खर्च कर चुका था। इस दौरान श्वेत अधिकारियों की सभी चालों को किंग मात देने में सफल हो रहे थे। उदाहरण के तौर पर, श्वेत अधिकारियों ने अदालत से अनुरोध किया

मोंटगोमरी में गिरफ्तारी देते हुए

कि एसोसिएशन के बैंक खातों को सील किया जाए; मगर ऐसा मुमकिन नहीं हो सका, क्योंकि किंग ने धन को देश के उत्तरी हिस्से के आधा दर्जन बैंकों में जमा करवा रखा था, जिन बैंकों के खिलाफ स्थानीय अधिकारी कार्रवाई नहीं कर सकते थे।

इस आंदोलन की प्रतिक्रिया मोंटगोमरी के श्वेत समुदाय में देखने को मिली। सिटी कमीशन की तरफ से समझौते का प्रस्ताव रखा गया। अश्वेतों से कहा गया कि श्वेत बस ड्राइवर उनके प्रति आंशिक रूप से सौजन्यता का प्रदर्शन करेंगे। मेयर डब्ल्यू. ए. गेली ने अश्वेतों को मनाने के लिए एक कमेटी का गठन किया और रंगभेद समर्थक श्वेत नागरिकों के संगठन के अध्यक्ष को कमेटी का सदस्य बनाया।

अश्वेत नागरिक झुकने के लिए तैयार नहीं थे। श्वेत समुदाय का गुस्सा बढ़ रहा था। इस तरह की अफवाहें फैलाई जा रही थीं कि आंदोलन के नेता कार खरीदने के लिए जनसभाएँ कर चंदा उगाही कर रहे थे। मोंटगोमरी सिटी कमीशन की दुविधा बढ़ती जा रही थी। कमीशन इस संकट को किसी भी हालत में टालना चाहता था। उसने चालाकी से काम निकालना चाहा। कमीशन ने तीन अश्वेत धर्मोपदेशकों को बुलाकर समझौता मान लेने के लिए दबाव बनाया। समझौते में अश्वेतों के हित में कोई ठोस प्रस्ताव नहीं रखा गया था। इस चाल की खबर भी किंग को मिल गई। किंग अपने साथियों के साथ रात भर अश्वेतों के मोहल्लों में जाकर लोगों को समझाते रहे कि समझौते के नाम पर धोखा देने का प्रयास किया जा रहा है। लोगों ने ध्यान से उनकी बातें सुनीं।

मेयर गेली अपनी चाल नाकाम होते देख झुँझला उठा और उसने सख्त कदम उठाने का निर्देश दिया। गेली सिटी कमिश्नर और ह्वाइट सिटीजंस काउंसिल के साथ सलाह-मशविरा कर कदम उठा रहा था। आंदोलनकारियों का दमन करने के लिए गेली ने कई तरह की साजिशें रचीं। किंग को गिरफ्तार कर लिया गया। अश्वेत कार चालकों को नियम तोड़ने के आरोप में अदालत में घसीटा गया। कई तरह से अश्वेतों को तंग किया गया। मगर दमन की सारी कोशिशों के बावजूद आंदोलनकारियों का हौसला बना रहा।

श्वेत तबका किसी भी कीमत पर अश्वेतों को सबक सिखाना चाहता था। किंग को आपत्तिजनक भाषा में खत भेजे जा रहे थे। उनके घर रोज कम-से-कम 25 फोन कॉल्स आती थीं और उन्हें गालियाँ दी जाती थीं। फोन पर दुर्व्यवहार से बचने के लिए किंग की पत्नी रिसीवर को छूने से हिचकने

लगी थीं। फोन पर भद्‌दी गालियाँ सुनने के बाद वह अपने कानों को धोना चाहती थीं। लोग तरह-तरह की अशालीन बातें करने लगे थे।

"एक रात की बात है", किंग ने याद करते हुए लिखा- "धमकी और गाली भरे कई फोन आने के बाद मैं रसोई में चला गया और उन्हें भूलने की कोशिश करने लगा। मैं जोर-जोर से प्रार्थना कर रहा था। मैं अपने आपसे बातें करने लगा था-मैं एक मकसद के साथ यहाँ पहुँचा हूँ और अब अकेले चुनौती का सामना करना आसान नहीं रह गया है। तभी कहीं से जवाब आया-सच्चाई के साथ खड़े रहो, ईश्वर तुम्हारा साथ देगा।" इसके बाद किंग का संकल्प और भी मजबूत हो गया। इस घटना के बाद उनके मन में किसी भी तरह के भय का भाव नहीं रह गया। अपने लक्ष्य के प्रति अपनी प्रतिबद्धता को लेकर उनके मन में कोई संदेह नहीं रह गया।

जल्दी ही उनके धैर्य और साहस को इम्तहान देना पड़ा। एक रात 9 बजकर 15 मिनट पर किंग जनसभा को संबोधित कर रहे थे। उनकी पत्नी 309 साउथ जैक्सन स्ट्रीट के निवास पर अतिथि कक्ष में एक मित्र से वार्त्तालाप कर रही थीं। श्रीमती किंग को एक आवाज सुनाई पड़ी। उन्होंने सोचा कि ईंट के टुकड़े की आवाज होगी। इस अवधि में पत्थरबाजी किंग के निवास के लिए सामान्य बात थी। श्रीमती किंग मित्र के साथ पिछले कमरे में चली गईं। तभी डायनामाइट बम के धमाके की आवाज सुनाई पड़ी और अतिथि कक्ष में चारों तरफ काँच के टुकड़े नजर आने लगे। अगर श्रीमती किंग मित्र को लेकर थोड़ी देर पहले अतिथि कक्ष से दूसरे कमरे में नहीं गई होतीं तो दोनों की जान जा सकती थी।

किसी ने इस घटना की सूचना मेयर गेली को भेजी। गेली पुलिस के साथ घटनास्थल की तरफ रवाना हुआ। वहाँ पहुँचकर गेली ने कुछ अश्वेतों की भीड़ को देखा। किंग ने जो अहिंसा का संदेश दिया था, उसका काफी प्रचार-प्रसार हो चुका था। जब से बस का बहिष्कार शुरू हुआ था, मोंटगोमरी में अश्वेत समुदाय की हिंसा में 20 फीसदी की कमी दर्ज की गई थी मगर उस समय श्वेतों की हिंसा का जवाब अश्वेत समुदाय हिंसा की भाषा में ही देना चाहता था। मेयर गेली और उसके साथ गए पुलिसकर्मी घबरा गए थे। उन्हें लगा था कि उनका सुरक्षित लौट पाना संभव नहीं होगा। एक गोरा आदमी दौड़ता हुआ किंग के पास पहुँचा और उसने उत्तेजित भीड़ को शांत करने का अनुरोध किया। किंग ने वैसा ही किया।

"कृपया शांत हो जाएँ।" उन्होंने अपने घर के सामने खड़े होकर कहा, "हम कानून व्यवस्था पर भरोसा करते हैं। हम हिंसा का समर्थन नहीं कर रहे हैं। हम अपने शत्रुओं से भी प्यार करना चाहते हैं। भले ही कोई मेरी जान ले ले, मगर मेरी लड़ाई रुकने वाली नहीं है, क्योंकि हम सच्चाई की राह पर चल रहे हैं। न्याय के रास्ते पर चलने की वजह से ईश्वर हमारे साथ है।" इस तरह हिंसक भीड़ को उन्होंने शांत किया। अहिंसा की शक्ति स्पष्ट रूप से नजर आई।

मोंटगोमरी के अश्वेत नागरिक अपने-अपने घर लौट गए। एक श्वेत पुलिसकर्मी ने कहा, "मैं तो घबरा ही गया था। मेरी जान उस अश्वेत पादरी ने बचाई। उसने दूसरे श्वेत लोगों की भी जान बचाई, जो उस समय वहाँ मौजूद थे।"

अपने घर में बम धमाके की घटना से किंग अवाक् रह गए थे। रात के सन्नाटे में धमाके के बाद उस घटना और उसके नतीजे के बारे में सोच रहे थे। यह सोचकर उन्हें तकलीफ हुई कि बम धमाके में उनकी पत्नी और बेटी योलांडा डेनिस की जान जा सकती थी। बच्ची एक पालने में सो रही थी, जिस समय बम विस्फोट हुआ था। इसके बावजूद किंग ने अपने आपको तसल्ली देने की कोशिश की। उन्होंने महसूस किया कि किसी भी स्थिति में वह नफरत को अपने ऊपर हावी नहीं होने देंगे। उन्होंने सोचा कि ईसा मसीह की दिखाई गई राह पर चलते हुए हमलावर के प्रति उन्हें प्रेमपूर्ण बरताव करना चाहिए। उनके अंदर कशमकश चलती रही और आखिरकार अहिंसा की शक्ति के प्रति उनकी आस्था और भी मजबूत हो गई।

बस का बहिष्कार जारी था और बस कंपनियों की आर्थिक दशा बिगड़ने लगी थी। किंग एवं उनके 89 सहयोगियों के खिलाफ सन् 1921 के एक बहिष्कार विरोधी कानून के तहत मामला दर्ज किया गया। इसके बाद मोंटगोमरी के अधिकारियों ने एक चाल चली, जिसका अपेक्षित प्रभाव भी पड़ा। उन्होंने मोंटगोमरी इंप्रूवमेंट एसोसिएशन पर गैर-कानूनी परिवहन प्रणाली विकसित करने का आरोप लगाते हुए उसे प्रतिबंधित करने की माँग की।

किंग इस तरह की कार्रवाई को लेकर पहले से ही आशंकित थे। अश्वेतों के यातायात के लिए एसोसिएशन ने जो 20 नए वाहन खरीदे थे, किंग उन वाहनों पर अलग-अलग अश्वेत चर्चों के नाम लिखवाना चाहते थे, ताकि कानूनी कार्रवाई से बचा जा सके।

जब मुकदमे की सुनवाई शुरू हुई तो सरकारी वकील ने आरोप लगाया

कि बहिष्कार को जारी रखने के लिए मोंटगोमरी इंप्रूवमेंट एसोसिएशन ने 30 हजार डॉलर मुहैया करवाए थे और अश्वेतों की आवाजाही के लिए इस्तेमाल होनेवाले वाहन चालकों को प्रति सप्ताह 24 डॉलर दिए जा रहे थे।

ऐसे कई गवाहों को अदालत में पेश किया गया, जिन्होंने बहिष्कार के दौरान बल-प्रयोग का आरोप लगाया। 7 बस ड्राइवरों ने अदालत को बताया कि उनकी बसों पर पत्थर बरसाए गए या गोलीबारी की गई। आरोपी किंग किसी तरह की हिंसा से नहीं जुड़े हुए थे, बल्कि इस बात के प्रमाण थे कि उन्होंने हिंसा का लगातार विरोध किया था।

बचाव पक्ष की गवाही—अश्वेत गृहिणियों, नौकरानियों, मजदूरों, विद्यार्थियों ने अपने साथ होनेवाले दुर्व्यवहार का उल्लेख करते हुए बहिष्कार को उचित ठहराने का प्रयास किया। जीवन भर चुपचाप रंगभेद का अभिशाप झेलते रहने वाले अश्वेत गवाह मामले की सुनवाई के दौरान भावुक हो उठे और अदालत में ही रोने लगे। मार्था केट वाकर नामक एक महिला ने बताया कि किस तरह उसके अंधे पति का पाँव उस समय जख्मी हो गया, जब एक बस ड्राइवर ने झटके से दरवाजा बंद कर बस को आगे बढ़ा दिया। स्टेला ब्रुक्स ने बताया कि जब उसके पति ने बस ड्राइवर की आज्ञा का पालन नहीं किया तो उसे गोली मार दी गई। (उसकी गवाही को अदालत के रिकॉर्ड से निकाल दिया गया, क्योंकि उसने अपनी आँखों से अपने पति को गोली मारने की घटना नहीं देखी थी।) रिचर्ड जोडेन ने बताया कि उसकी गर्भवती पत्नी को एक श्वेत यात्री के लिए बस की सीट छोड़नी पड़ी। जॉर्जिया टेरेसा गिलमोर ने कहा कि जब वह एक बस में सवार हुई तो ड्राइवर चिल्लाया—नीचे उतर काली कहीं की। जाकर पिछले दरवाजे से चढ़ो! और जब वह नीचे उतरी तो ड्राइवर ने बस की रफ्तार बढ़ा दी।

एक गवाह के रूप में किंग ने तर्क रखा कि बस बहिष्कार आंदोलन स्वत:स्फूर्त रूप से शुरू हुआ था और इसके लिए उन्होंने किसी को उकसाया नहीं था। सर्किट जज यूगीन कार्टर किंग के तर्कों को मानने के लिए तैयार नहीं हुआ और किंग को दोषी ठहराते हुए 500 डॉलर का जुर्माना लगाया गया और जमानत पर रिहा किया।

सन् 1956 के उत्तरार्द्ध में एक दिन किंग अपने साथियों के साथ प्रतिबंध के खिलाफ कानूनी लड़ाई लड़ रहे थे, उसी समय श्वेत वकीलों के बीच फुसफुसाहट तेज हो गई थी। उनके पास उसी समय एक खबर पहुँची

थी–अमेरिका के सुप्रीम कोर्ट ने मोंटगोमरी की बसों में रंगभेद प्रणाली को गैर कानूनी घोषित कर दिया था। एक अश्वेत व्यक्ति ने चिल्लाकर कहा–आखिरकार ईश्वर ने वॉशिंगटन डी.सी. से अपना फरमान सुना ही दिया है।

अगली रात किंग ने चर्च में उपस्थित भावुक अश्वेतों की सभा को संबोधित किया और अपने समर्थकों से अनुरोध किया कि वे विनम्रता के साथ अपनी जीत को स्वीकार करें। उन्होंने कहा, "अगर आपमें से कोई जाकर चीख-चीखकर कहेगा कि हमने श्वेतों से लड़ाई जीत ली है तो मुझे तकलीफ होगी।"

जनसभा में मोंटगोमरी इंप्रूवमेंट एसोसिएशन के समर्थक एक युवा श्वेत पादरी रेवरेंड रॉबर्ट ग्रीट्ज ने सेंट पॉल रचित ग्रंथ के एक अध्याय का पाठ किया, जिसमें लिखा हुआ था– "जब मैं बालक था तब बालक की तरह चीजों को समझता था, बालक की तरह सोचता था। जब मैं बड़ा हो गया तो मैंने बचपना छोड़ दिया।" अश्वेतों के साथ कई श्वेतों का व्यवहार बचपना का ही नमूना था। मगर ग्रीट्ज जैसे श्वेत लोग भी थे, जो अश्वेतों को मानवीय नजरों से देखते हुए उनकी समस्याओं के प्रति हमदर्दी रखते थे।

नाराज श्वेत समुदाय ने अश्वेतों को विभिन्न तरीके से परेशान करना शुरू कर दिया। रात में चलनेवाली बसों पर पहले शॉटगन से हमले किए गए। एक रात कई अश्वेत चर्चों और नागरिक अधिकारों के लिए संघर्ष कर रहे दो नेताओं के घरों में डायनामाइट का विस्फोट किया गया। बाद में किंग के घर परिसर से एक बम बरामद किया गया, जो फट नहीं पाया था।

किंग को जान से मारने की धमकियाँ मिल रही थीं। रोज फोन के जरिए उनके साथ दुर्व्यवहार किया जा रहा था। किंग ऐसी धमकियों या गालियों को नजरअंदाज कर रहे थे और यह मानकर चल रहे थे कि नेतृत्व की भूमिका निभाने के कारण उन्हें निशाने पर रखा जा रहा था। उन्हें महसूस हो रहा था कि इस संघर्ष में उनकी जान भी जा सकती थी।

संघर्ष की जीत का गहरा प्रभाव जनमानस पर पड़ा था। हिंसा के समर्थक अहिंसक आंदोलन के प्रभाव को देखकर दंग रह गए थे।

लोग समझ नहीं पा रहे थे कि अश्वेतों ने किस तरह अहिंसा का सहारा लेकर अपने साथ हो रहे अन्याय का प्रतिरोध किया था। लोगों को अपनी-अपनी बंदूकों से अपनी हिफाजत करने की आदत पड़ी हुई थी। अब लोग देख रहे थे कि शक्ति बंदूक की जगह अहिंसक प्रतिरोध में ज्यादा थी। किंग जन-साधारण के लिए मार्गदर्शक नेता बन गए थे। किंग

ने दक्षिणी इलाके और अन्य हिस्सों में हर प्रकार के रंगभेद को समाप्त करने के लिए आंदोलन जारी रखने का फैसला किया। मोंटगोमरी बस बहिष्कार की सफलता से किंग का आत्मविश्वास मजबूत हुआ और महात्मा गांधी के अहिंसक प्रतिरोध के सिद्धांत पर उनकी आस्था गहरी हो गई, जिस सिद्धांत का इस्तेमाल कर महात्मा गांधी ने भारत में ब्रिटिश शासन की कमर तोड़ दी थी। किंग ने रंगभेद के खिलाफ लड़ाई में अहिंसा को बुनियादी हथियार बनाने का फैसला किया।

जब किंग ने सबसे पहले अहिंसक प्रतिरोध के तरीके को आजमाने के बारे में सोचा था, तब उनके जेहन में ईसा मसीह का प्रेम संदेश और महात्मा गांधी के अहिंसा संबंधी विचार मौजूद थे। उन्होंने कहा, "अगर तुम साहस, गरिमा और धर्म-सम्मत प्रेम के साथ संघर्ष करोगे, तब भविष्य में इतिहास की पुस्तकें लिखी जाएँगी तो इतिहासकारों को ठिठककर कहना पड़ेगा–एक समय महान् लोग रहते थे जो अश्वेत थे, जिन्होंने सभ्यता की धमनियों में नए अर्थ और मर्यादा का संचार किया था। यह हमारे लिए चुनौती है और जिम्मेदारी भी।"

किंग ने अहिंसक प्रतिरोध के कई पहलुओं को स्पष्ट किया। उन्होंने इसकी खूबियों के बारे में लोगों को बताया। किंग ने कहा कि अहिंसक प्रतिरोध कायरों के लिए नहीं है। इसके तहत प्रतिरोध जताया जाता है, मगर तरीका अहिंसक होता है। गांधीजी कह चुके हैं कि अगर हिंसा का एकमात्र विकल्प कायरता हो तो युद्ध करना बेहतर होगा। किसी भी अन्याय के सामने हमें झुकना नहीं है, न ही जवाबी कार्रवाई करते हुए हिंसा का सहारा लेना है। हम विरोध जता सकते हैं, मगर हमारा विरोध अहिंसक होना चाहिए। कुछ लोग सोचते हैं कि निष्क्रिय प्रतिरोध का कोई मतलब नहीं होता और विरोध करने वाला शारीरिक रूप से लड़ता नहीं है; मगर वह अपने विरोधी को लगातार बताता रहता है कि वह गलत कर रहा है।

दूसरा पहलू दरशाता है कि अहिंसक प्रतिरोध करनेवाला अपने विरोधी पर विजय हासिल करना नहीं चाहता, न ही उसे अपमानित करना चाहता है। वह अपने विरोधी का हृदय परिवर्तन कर उसे अपना मित्र बनाना चाहता है। प्रतिरोध करनेवाला बहिष्कार या दूसरे तरीके अपनाकर अपने विरोध को प्रकट कर सकता है। इस तरह विरोधी को नैतिक रूप से दोषी महसूस करने के लिए प्रेरित किया जाता है। इसका लक्ष्य भाईचारे और सद्‍भाव

का विकास करना होता है।

तीसरा पहलू दरशाता है कि हमें बुराई से लड़ना चाहिए, बुरे व्यक्ति से नहीं। नस्लगत समानता के लिए किए जा रहे संघर्ष में यह समझना जरूरी है कि मुख्य संघर्ष दो नस्लों के बीच नहीं है, बल्कि न्याय और अन्याय के बीच है। मोंटगोमरी के संघर्ष के उदाहरण को सामने रखते हुए ने कहा, "अन्याय पर जीत हासिल करनी चाहिए, श्वेत लोगों पर नहीं जो अन्याय कर रहे हैं।"

चौथा पहलू दरशाता है कि हम बदले की भावना नहीं रखते हुए तकलीफ को स्वीकार करते हैं। अहिंसक प्रतिरोध करनेवाले जवाबी हमले की चाह नहीं रखते और अपने ऊपर होनेवाले हमले को झेलने के लिए तैयार रहते हैं, जरूरत पड़ने पर वे जेल जाने के लिए भी तैयार रहते हैं।

पाँचवाँ पहलू दरशाता है कि अहिंसक प्रतिरोध करनेवाला न तो शारीरिक हिंसा का सहारा लेता है, न ही मानसिक हिंसा के लिए तैयार होता है। न तो वह अपने विरोधी को कोई नुकसान पहुँचाता है, न ही उसे नुकसान पहुँचानेवाले विचार मन में लाता है। अहिंसा का केंद्र-बिंदु प्रेम होता है।

अहिंसक प्रतिरोध के साथ साहस जुड़ा है और यह अत्यंत सक्रिय भी होता है। किंग ने कहा, "अहिंसा समुदाय का सृजन एवं संरक्षण करती है। जब विरोधी शक्तियाँ समुदाय को नष्ट करना चाहती हैं तब अहिंसा इसका बचाव करती है। अहिंसक प्रतिरोध समुदाय की सुरक्षा का तरीका है। इसके तहत सभी मनुष्यों को भाई समान समझा जाता है। अगर मेरे भाई को पीड़ा होगी तो मुझे भी पीड़ा होगी।"

मोंटगोमरी बस कंपनी और मोंटगोमरी इंप्रूवमेंट एसोसिएशन के बीच एक बार बातचीत हो रही थी, जिसमें एसोसिएशन की तरफ से किंग प्रवक्ता की भूमिका निभा रहे थे। बैठक को एक स्थानीय रंगभेद समर्थक पादरी ने संबोधित किया। उसने कहा, "अश्वेत पादरी बहिष्कार का समर्थन कर गलत रास्ते पर चल रहे थे।" इसके बाद उसने कहा, "अश्वेत पादरियों को धार्मिक क्रियाकलापों के प्रति स्वयं को समर्पित करना चाहिए और सामाजिक समस्याओं की तरफ ध्यान देने से बचना चाहिए।" किंग ने उस पादरी के कथन का विरोध करते हुए कहा कि वह तथा उनके सहयोगी

पादरी ईसा मसीह के प्रति पूरी तरह समर्पित थे और उन्हें बस बहिष्कार के आंदोलन और ईसा मसीह के प्रति समर्पण के बीच किसी तरह का विरोधाभास दिखाई नहीं दे रहा था। "अगर कोई व्यक्ति सच्चा ईसाई है तो सामाजिक बुराई के खिलाफ उसका लड़ना अनुचित नहीं है। धर्म का संदेश जितना निजी है उतना ही सामाजिक भी है।"

किंग श्वेत पादरी के विचारों से असहमत थे, किंतु उन्होंने धैर्य के साथ उसके तर्कों को सुना था। किंग ने कहा, "वर्षों की सामाजिक परंपरा के चलते श्वेत पादरी इस तरह की बातें सोच रहे थे।" उन्हें उनके माता-पिता ने अश्वेतों को नीची नजरों से देखना सिखाया था। उनके भीतर उच्च भावना का विकास स्कूलों, पाठ्य पुस्तकों और उनके धर्मगुरुओं ने किया था। जब वे रंगभेद का समर्थन कर रहे होते थे तो वे समाज में प्रचलित परंपरा का पालन कर रहे होते थे।

किंग ने अपने समर्थकों से कहा कि वे कुछ कानूनों का पालन करें, मगर सभी कानूनों का पालन नहीं करें। उन्होंने कहा, "कुछ कानून-न्यायसंगत हैं और कुछ कानून अन्यायपूर्ण हैं।" उन्होंने कहा कि वह संत अगस्टीन के उस कथन से सहमत हैं कि अन्यायपूर्ण कानून को सही अर्थों में कानून नहीं माना जा सकता। उनका मानना था कि न्यायसंगत कानून इनसानियत को ध्यान में रखकर बनाया जाता है। दूसरी तरफ अन्यायपूर्ण कानून बनाते समय नैतिक मूल्यों को ध्यान में नहीं रखा जाता। जो कानून मनुष्य के व्यक्तित्व को प्रखर बनाता है, उसे न्यायपूर्ण कहा जा सकता है। जो कानून मनुष्य के व्यक्तित्व को नुकसान पहुँचाता है, वह अन्यायपूर्ण है। रंगभेद के सारे प्रावधान अन्यायपूर्ण हैं, क्योंकि रंगभेद से आत्मा नष्ट होती है और व्यक्तित्व का नुकसान होता है।

किंग ने कहा, "अन्यायपूर्ण कानून वह होता है, जिसे बहुसंख्यक अल्पसंख्यक पर थोपता है और जिस कानून का पालन बहुसंख्यक स्वयं नहीं करता। दूसरी तरफ न्यायपूर्ण कानून वह होता है, जिसे बहुसंख्यक अल्पसंख्यक के लिए बनाता है और स्वयं भी उस कानून का पालन करता है।"

अश्वेत समुदाय जिस तरह अपने संसाधनों का इस्तेमाल कर रहा था, उससे किंग सहमत नहीं थे। उन्होंने कहा, "हम (अश्वेत) श्वेत लोगों के धन पर जरूरत से ज्यादा निर्भर करते हैं। हमारे मध्य वर्ग के लोग दिखावे

की जिंदगी जी रहे हैं। जिन चीजों की हमें कोई जरूरत नहीं, हम वैसी चीजें भी खरीद रहे हैं। दूसरी तरफ हम महत्त्वपूर्ण संगठनों को आर्थिक सहायता प्रदान करने से हिचक रहे हैं।"

प्रेम और क्षमा का संदेश किंग बार-बार दोहराते रहे थे। उन्होंने कहा कि नफरत का जवाब अगर हम नफरत से देंगे तो दुनिया में बुराई कभी खत्म नहीं होगी। उनका मानना था कि नफरत से नफरत पैदा होती है, हिंसा से हिंसा पैदा होती है, कटुता से कटुता पैदा होती है। इसलिए हमें नफरत का जवाब प्यार से देना चाहिए। उनका एक मशहूर वाक्य था, "हमारे पास विश्वास, उम्मीद और प्रेम है, जिसमें सबसे महान् शक्ति प्रेम है।" क्षमा के मामले में किंग ईसा मसीह का उदाहरण देते थे, जो बार-बार अपने शत्रु को भी क्षमा करने की सीख दे चुके थे।

डॉ. किंग कहते थे कि अपने दुश्मनों से रोमांटिक अंदाज में प्रेम जताना हास्यास्पद बात हो सकती थी। मगर हमारे मन में कल्याण को दरशानेवाला प्रेम होना चाहिए। इस संदर्भ में ग्रीक के प्रेम की परिभाषा का वह इस्तेमाल करते थे। ग्रीक 'न्यू टेस्टामेंट' में प्रेम का पहला शब्द 'इरोज' है, जिसका अर्थ रोमांटिक प्रेम होता है। अगला शब्द 'फिलिया' है, जिसका अर्थ दो मित्रों का प्रेम होता है। अंतिम शब्द 'अगापे' है, जिसका अर्थ कल्याण की भावना से युक्त प्रेम होता है। किंग इसी तरह का प्रेम अपने विरोधियों से करने की नसीहत देते थे। इस प्रेम के पीछे वह ईश्वर है, जो हमारे भीतर बसता है। कभी-कभी इसे दैवी प्रेम भी कहा जाता है।

'अगापे' के माध्यम से बंधुत्व का विकास किया जाता है और दूसरों की भलाई की कामना की जाती है। इसके तहत किन्हीं खूबियों के चलते व्यक्ति विशेष के प्रति प्यार का प्रदर्शन नहीं किया जाता। इसके तहत दोस्तों से भी प्यार किया जाता है और दुश्मनों से भी।

सामाजिक परिवर्तन और सामाजिक एकजुटता के लिए अहिंसक उपाय आजमाने के चलते किंग की प्रसिद्धि दुनिया भर में फैल गई। प्रतिष्ठित पत्रिकाओं में उनकी तसवीरें प्रकाशित की गईं। उनके विचारों को दुनिया भर के पत्र-पत्रिकाओं में प्रकाशित किया गया। जैसा कि महात्मा गांधी का विश्व के जनमानस ने स्वागत किया था, उसी तरह किंग के व्यक्तित्व में लोगों को नैतिक उम्मीद दिखाई देने लगी थी।

बिना खून बहाए बस बहिष्कार आंदोलन चलाकर मोंटगोमरी शहर की बसों में प्रचलित रंगभेद की व्यवस्था को समाप्त करने की घटना से दक्षिणी हिस्सों के अन्य शहरों के अश्वेत भी रंगभेद के खिलाफ संघर्ष करने के लिए प्रेरित हुए थे। दूसरे युवा अश्वेत पादरी भी यकीन करने लगे थे कि वे किंग की तरह रंगभेद के खिलाफ लड़ाई जीत सकते हैं। दक्षिणी हिस्से के विभिन्न शहरों में बहिष्कार आंदोलन की शुरुआत हो गई। इस तरह किंग की प्रसिद्धि बढ़ती गई। पचास वर्षों से अश्वेत आबादी एक नेता की राह देख रही थी। जैसे-जैसे किंग की ख्याति बढ़ती गई, अश्वेत आबादी उन्हें अपना नेता समझने लगी।

सन् 1957 में वॉशिंगटन में एक जनाधिकार प्रार्थना सम्मेलन आयोजित किया गया। तीस राज्यों के प्रतिनिधि उस सम्मेलन में शामिल हुए थे। यह कार्यक्रम वॉशिंगटन डी.सी. के लिंकन मेमोरियल सभागृह में आयोजित हुआ था। इसमें नेशनल एसोसिएशन फॉर दि एडवांसमेंट ऑफ कलर्ड पीपुल्स के कार्यकारी सचिव रॉय विलकिंस, जनाधिकार कार्यकर्ता एसोसिएशन फिलिप रोडॉल्फ व सांसद एडम क्लेटन पॉवेल ने भाषण दिया। हालाँकि श्रोताओं ने इन वक्ताओं को ध्यान से सुना। मगर जब किंग ने भाषण दिया तो श्रोता जज्बाती हो उठे। अपने भाषण में किंग ने कहा कि राष्ट्रपति नागरिक अधिकारों के प्रति उदासीन रवैया बरत रहे थे और संसद् 'पाखंड व जड़ता' का परिचय दे रही थी। किंग ने कहा कि राष्ट्रपति को नागरिक अधिकार विधेयक तेजी से पारित करवाना चाहिए और श्वेत सांसदों को इस दिशा में सहयोग करना चाहिए।

'न्यूयॉर्क एम्स्टर्डम न्यूज' के संपादक जेम्स एल. हिक्स के अनुसार, इस सम्मेलन के बाद किंग निर्विवाद रूप से अमेरिकी अश्वेतों के सर्वोपरि नेता बन गए।

सन् 1957 से 1960 के बीच किंग अहिंसक संग्राम की जमीन तैयार करते रहे। उन्होंने नागरिकता अभियान चलाया। इसके तहत अश्वेत नागरिकों के नामों को मतदाता सूची में दर्ज करने का अभियान चलाया गया।

सन् 1957 में किंग और उनकी पत्नी को घाना के स्वतंत्रता दिवस समारोह में भाग लेने के लिए आमंत्रित किया गया। अपने पूर्वजों की जमीन पर कदम रखकर किंग को काफी खुशी हुई। उन्हें अश्वेत अधिकारियों और अश्वेत प्रधानमंत्री से मिलना अच्छा लगा। बाद में उन्होंने कहा कि उनकी

यह यात्रा उनके जीवन के महान् अनुभवों में से एक थी। वापस लौटकर किंग अपनी पहली पुस्तक 'स्ट्राइट टुवार्ड फ्रीडम' लिखने में जुट गए। जब वह अपनी पुस्तक की प्रतियों पर हस्ताक्षर कर प्रशंसकों को दे रहे थे, तभी उनके ऊपर जानलेवा हमला किया गया। मानसिक रूप से बीमार अश्वेत घरेलू कर्मचारी इजोला वारे करी ने चाकू से उनके सीने पर उस समय हमला किया, जब वह 20 सितंबर, 1958 को हरलेम डिपार्टमेंटल स्टोर में पुस्तक की प्रतियों पर हस्ताक्षर कर रहे थे। डॉक्टरों को उनके सीने से चाकू निकालने में तीन घंटे का समय लगा और चाकू के साथ उनकी पसली का एक हिस्सा भी बाहर निकल गया। किंग मृत्यु के द्वार तक पहुँच गए थे। उनकी जान बच गई, लेकिन जीवन भर उन्हें सीने का दर्द बना रहा। किंग ने हमलावर महिला को क्षमा कर दिया था।

□

नागरिक अधिकारों के लिए संघर्ष

द साउथर्न क्रिश्चियन लीडरशिप कॉन्फ्रेंस

जब मोंटगोमरी के अश्वेत नागरिकों को अपमान और दुर्व्यवहार के बिना सिटी बसों में यात्रा करने का अधिकार मिल गया, उसके कुछ दिनों बाद 10 जनवरी, 1957 को किंग अटलांटा पहुँचे। एबेनेजर बैपटिस्ट चर्च में कई अश्वेत नेताओं के साथ किंग की मुलाकात हुई, जहाँ 'बस बहिष्कार आंदोलन' की सफलता से अश्वेत आबादी में पैदा हुई जागरूकता को ध्यान में रखते हुए परिवर्तन की लड़ाई जारी रखने के लिए एक संगठन बनाने की योजना पर विचार किया गया।

सुप्रीम कोर्ट के फैसले की वजह से किंग और उनके समर्थकों का उत्साह बढ़ गया था। वे इसी फैसले से संतुष्ट होकर बैठ जाना नहीं चाहते थे। वे परिवर्तन के मौके को हाथ से गँवाना नहीं चाहते थे। एक तरफ एन.ए.ए. सी.पी. जैसा संगठन था, जो कानूनी लड़ाई लड़ने, मतदाताओं का पंजीयन अभियान चलाने और अन्य संवैधानिक अधिकार हासिल करने के लिए प्रयत्न कर रहा था। दूसरी तरफ किंग ऐसा संगठन बनाना चाहते थे, जिसके जरिए जमीनी स्तर पर प्रतिरोध आंदोलन चलाया जा सके, जो कार्यवाही में रखे और जो मोंटगोमरी में आजमाए जा चुके अहिंसक प्रतिरोध के हथियार का

सफलतापूर्वक इस्तेमाल कर सके।

जब किंग और उनके सहयोगी अटलांटा में जुटे थे, तभी उन्हें मोंटगोमरी में हिंसा फैलने की सूचना मिली। 10 जनवरी, 1957 की सुबह चर्चों और निवास-स्थानों पर छह बम धमाके हुए थे। किंग और एबरनेथी विमान से मोंटगोमरी लौटे।

जब वे बम धमाकोंवाले स्थानों पर पहुँचे तो उन्होंने अश्वेतों की क्रुद्ध भीड़ को देखा, जो हमले का प्रतिरोध लेना चाहती थी। एक बुजुर्ग व्यक्ति ने किंग से कहा, "जब वे लोग ईश्वर के घर पर बम फेंक सकते हैं तो हमें चुप रहना ठीक नहीं होगा।"

बम धमाकों के बाद तनाव और उत्तेजना बढ़ने से किंग चिंतित हो उठे थे। उन्होंने बेथेल बैपटिस्ट चर्च में अपने समर्थकों की एक सभा आयोजित की। जन-समूह के साथ प्रार्थना का नेतृत्व करते हुए किंग भावुक हो उठे। आनेवाले समय में आंदोलनकारियों की चुनौतियों का उल्लेख करते हुए उन्होंने भर्राई हुई आवाज में कहा, "अगर किसी को मारा जाना चाहिए तो वह मैं हूँ।"

इसके बाद किंग कुछ नहीं बोल सके। कई पादरियों ने आगे आकर किंग को सहारा दिया।

किंग शहर में घूम-घूमकर उत्तेजित लोगों से संयम बरतने का अनुरोध करने लगे। उनके इस कदम का श्वेत गण्यमान्य व्यक्तियों और प्रेस ने स्वागत किया। गवर्नर ने घटना-स्थलों का मुआयना किया और अपराधियों को पकड़ने के लिए इनाम की घोषणा की। 'मोंटगोमरी एडवरटाइजर' नामक समाचार-पत्र ने कड़े शब्दों में बम धमाकों की निंदा की और श्वेत पादरियों ने इस हमले को धर्म के विरुद्ध आचरण बताया।

क्रिश्चियन लीडरशिप कॉन्फ्रेंस में जाते हुए मार्टिन

मोंटगोमरी की अश्वेत आबादी

वर्षों से अपने हक के लिए संघर्ष कर रही थी और इस हमले की घटना को भी बरदाश्त करने के लिए तैयार थी। एक अश्वेत महिला ने रिपोर्टर को बताया, "क्या आप कल्पना कर सकते हैं कि एक ही दिन आपको 1 करोड़ रुपए मिल जाएँ और आप सारी मनचाही चीजें खरीद सकें? हमारे लिए अभी का वक्त 1 करोड़ रुपए मिल जाने की तरह है। हमने इसके लिए 100 सालों तक इंतजार किया। यह शुक्रवार की दोपहर है और बैंक सोमवार से पहले नहीं खुलने वाला है। सोमवार तक हमें चेक का भुगतान नहीं होगा तो कोई बात नहीं, हमें ज्यादा इंतजार नहीं करना पड़ेगा।"

जब किंग को मोंटगोमरी में हालात सामान्य होने का यकीन हो गया तो वह अबरनथी के साथ 10 दक्षिणी राज्यों के 60 धर्मोपदेशकों से अपनी बातचीत को जारी रखने के लिए चले गए। लंबे विचार-विमर्श के बाद इस नतीजे पर पहुँचे कि रंगभेद के खिलाफ अश्वेतों को अहिंसक प्रतिरोध करना चाहिए और राष्ट्रपति आइजनहॉम्वर से दक्षिण का दौरा करके रंगभेद का जायजा लेने का अनुरोध करना चाहिए। आइजनहॉवर ने दौरे के निमंत्रण को स्वीकार नहीं किया।

14 फरवरी को अगली बैठक न्यू आर्लिएंस में आयोजित हुई, जहाँ 'साउथर्न क्रिश्चियन लीडरशिप कॉन्फ्रेंस (एस.सी.एल.सी.) नामक संगठन की स्थापना की गई और किंग को उसका प्रथम अध्यक्ष चुना गया।

किंग की दृष्टि और दर्शन को अपनाकर एस.सी.एल.सी. ने आगे चलकर ईसाई धर्म के प्रेम और भाईचारे के सिद्धांत के आधार पर जन-आंदोलन चलाया और अमेरिकी राजनीति में अहम शक्ति बन गया। किंग और एस.सी.एल.सी. के अन्य नेता, जिनमें ज्यादातर युवा और धर्मोपदेशक थे, आंदोलन के दौरान शहर-दर-शहर अलख जगाने का काम करने लगे। वे अश्वेत आबादी को अहिंसक तरीके से लड़ने का मंत्र सिखाने लगे। उनके सामने सरकार और पूँजीपतियों की चुनौती थी; मगर रंगभेद मिटाने और न्याय हासिल करने के लिए वे हर बाधा से टकराने का संकल्प ले चुके थे, उन्हें हमलों और तिरस्कारों की परवाह नहीं रह गई थी। वे मामूली नाकामियों से हौसला हारने वाले नहीं थे। वे लगातार लोगों को एकजुट करते रहे, आंदोलनकारियों की अगुवाई करते रहे। एक शहर से दूसरे शहर तक, एक परिस्थिति से दूसरी परिस्थिति तक वे जुलूस, बहिष्कार और प्रदर्शनों के जरिए अन्याय के खिलाफ आवाज बुलंद कर रहे थे। वे देश के दक्षिणी

हिस्से में प्रचलित रंगभेद को मिटाने के लिए योजनाबद्ध तरीके से शांतिपूर्ण आंदोलन चलाते रहे थे।

देश के दक्षिणी हिस्से में सक्रिय रहते हुए एस.सी.एल.सी. अपने नाम के अनुरूप कार्य कर रहा था। संगठन की तरफ से नेतृत्व प्रशिक्षण कार्यक्रम और नागरिक शिक्षा अभियान की शुरुआत की गई। हालाँकि किंग संगठन के सबसे बड़े नेता थे, इसके बावजूद और भी कई कार्यकर्ता सक्रिय थे। उनमें अबरनथी किंग के घनिष्ठ सहयोगी थे। नेशनल काउंसिल ऑफ चर्चेज के एंड्यू यंग एक प्रमुख नेता थे, जो बाद में संयुक्त राष्ट्र संघ में अमेरिका के राजदूत और अटलांटा के मेयर बने। मोंटगोमरी के विद्वान् पादरी जोसेफ लोरी और जॉर्जिया के नागरिक अधिकार कार्यकर्ता एला बेकर संगठन के अन्य प्रमुख नेता थे।

'मोंटगोमरी बस बहिष्कार आंदोलन' के बाद कुछ ही दिनों में किंग अंतरराष्ट्रीय स्तर पर ख्यात हो चुके थे। समान अधिकार के लिए अपने संघर्ष और अहिंसक प्रतिरोध की शैली के चलते दुनिया भर में उनकी ख्याति फैल चुकी थी। फरवरी में 'टाइम' पत्रिका ने आवरण पर किंग की तसवीर छापी और आवरण कथा 'चेतना पर हमला' शीर्षक से प्रकाशित की। इसमें मोंटगोमरी के युवा अश्वेत नेता का उल्लेख किया गया था, जिसकी तरफ देश भर की अश्वेत आबादी उम्मीद भरी नजरों के साथ देख रही थी और समझ रही थी कि यही व्यक्ति उसे रंगभेद के अभिशाप से मुक्त करवाएगा। "लोग जिस व्यक्ति की तरफ उम्मीद भरी नजरों से देख रहे हैं, वह कोई न्यायाधीश, वकील, कूटनीतिज्ञ या प्रभावशाली वक्ता नहीं है, बल्कि वह 28 वर्षीय शिक्षित बैपटिस्ट धर्माधिकारी है, जो एक वर्ष से भी कम समय में गुमनामी के अँधेरे से निकलकर देश का महत्त्वपूर्ण व्यक्तित्व बन चुका है।"

17 मई, 1975 को किंग नागरिक अधिकार आंदोलन के अन्य नेताओं के साथ एक प्रार्थना सभा में भाग लेने के लिए वॉशिंगटन डी.सी. पहुँचे। वहाँ उन्होंने अपना पहला महत्त्वपूर्ण राष्ट्रीय भाषण दिया, जिसमें उन्होंने अश्वेतों को मताधिकार देने की माँग की। लिंकन मेमोरियल हॉल में जब किंग भाषण दे रहे थे तब 20 हजार से अधिक श्रोता गौर से उनकी बातें सुन रहे थे। छह साल बाद किंग फिर अमेरिकी इतिहास के एक यादगार लमहे में लिंकन मेमोरियल लौटकर आने वाले थे।

लिटिल रॉक का संकट

सन् 1957 में अर्कांसास के लिटिल रॉक में 'ब्राउन बनाम बोर्ड ऑफ एजुकेशन' मामले पर सुप्रीम कोर्ट के एक फैसले को लेकर विवाद की स्थिति पैदा हो गई। अश्वेत नेताओं ने श्वेतों के लिए आरक्षित पब्लिक स्कूलों में अश्वेतों को शिक्षा का समान अधिकार दिलाने का अभियान छेड़ रखा था। सुप्रीम कोर्ट ने अपने फैसले में 'पृथक् मगर समान व्यवस्था' पर रोक लगा दी थी (जिसके तहत प्रावधान था कि समान गुणवत्तावाले स्कूल श्वेतों व अश्वेतों के लिए अलग-अलग हो सकते हैं)।

लिटिल रॉक में पैदा हुए विवाद से जहाँ सुप्रीम कोर्ट के फैसले की सीमाओं का पता चला, वहीं नागरिक अधिकार आंदोलन में संघीय हस्तक्षेप का मंच भी तैयार हुआ और किंग व दूसरे नागरिक अधिकार नेताओं के लिए राष्ट्रीय आंदोलन शुरू करने का मार्ग भी प्रशस्त हुआ तथा अहिंसक आंदोलनकारियों के बीच साहस का संचार हुआ।

2 सितंबर की रात गवर्नर ऑरबिल फॉबस ने टी.वी. के जरिए अर्कांसास के नागरिकों को संबोधित करते हुए कहा कि कानून-व्यवस्था को बहाल रखने के लिए उन्होंने नेशनल गाड्र्स को बुला लिया था। उन्होंने घोषणा की कि जो नौ अश्वेत छात्र लिटिल रॉक के सेंट्रल हाई स्कूल में पढ़ने के लिए जाना चाह रहे थे, उन्हें जबरन वहाँ से निकाल दिया जाएगा और स्कूल को पहले की तरह श्वेतों के लिए आरक्षित रखा जाएगा।

फॉबस, गवर्नर के दो वर्षीय कार्यकाल के तहत दूसरी बार गवर्नर बना था। राजनीतिक उदारवादी होने के नाते वह दक्षिणपंथियों के निशाने पर था, जो उसे लिबरल बता रहे थे। स्कूल समन्वय विवाद के बहाने फॉबस अपने आलोचकों का मुँह बंद कर देना चाहता था। वह प्रदेश के समन्वय विरोधी संगठनों को रणनीतिक परामर्श देने में जुट गया। फॉबस ने टी.वी. पर बताया कि श्वेतों की भीड़ लिटिल रॉक पहुँचकर समन्वय के प्रमाण को रोकना चाहती थी। उसने कहा कि अगर अश्वेत छात्र सेंट्रल हाई स्कूल में कदम रखने की कोशिश करेंगे तो सड़कों पर खून-खराबा शुरू हो जाएगा।

एन.ए.ए.सी.पी. की अर्कांसास शाखा की अध्यक्ष होने के नाते डेजी बेट्स नौ छात्रों के लिए संरक्षक, मार्गदर्शक और गुरु की भूमिका निभा रही थी। उसके घर में छात्र इकट्ठे होते थे। विवाद के शुरुआती दिनों में छात्र उसके घर से ही आवाजाही कर रहे थे। प्रेस से जुड़े लोग घटनाक्रम की जानकारी लेने

के लिए बेट्स के घर आ रहे थे। वहीं श्वेत प्रदर्शनकारी बेट्स के घर को निशाना बना रहे थे।

सेना और एयर नेशनल गार्ड के लगभग 300 जवान सेंट्रल हाई स्कूल के सामने जमा हो गए और उनकी उपस्थिति की वजह से अश्वेत छात्र स्कूल में प्रवेश नहीं कर पाए। डेली बेट्स, नागरिक अधिकार आंदोलन के अन्य नेता और अश्वेत छात्र किसी तरह की रोक को स्वीकार करने के लिए तैयार नहीं थे।

4 सितंबर को बेट्स ने छात्रों से स्कूल जाने के लिए कहा। छात्र जब स्कूल की तरफ बढ़े तब अर्कांसास नेशनल गार्ड के जवानों ने पुलिसकर्मियों के साथ मिलकर छात्रों को स्कूल के भीतर कदम नहीं रखने दिया। जैसा कि 'न्यूयॉर्क टाइम्स' में समाचार प्रकाशित हुआ– 'हथियारों से लैस जवानों ने छात्रों को स्कूल से दूर रखा, वहीं 400 श्वेतों की भीड़ छात्रों को गालियाँ देकर घर लौट जाने की धमकी देती रही। सैकड़ों फौजियों ने स्कूल को चारों तरफ से घेर रखा था।'

स्कूल समन्वय के अदालती आदेश का जब अर्कांसास के गवर्नर ने खुले तौर पर उल्लंघन किया तो इसके साथ ही संघीय और प्रादेशिक प्रशासन के बीच टकराव की शुरुआत हुई। साथ ही सुप्रीम कोर्ट के आदेश का परीक्षण भी शुरू हो गया। किंग बेकरारी के साथ नतीजे का इंतजार कर रहे थे। 9 सितंबर को किंग ने नागरिक अधिकार आंदोलन के प्रवक्ता के रूप में इस मामले में हस्तक्षेप करने का निश्चय किया। उन्होंने राष्ट्रपति आइजनहॉवर को तार भेजकर चेतावनी दी कि अगर संघीय सरकार अर्कांसास में हालात को नियंत्रित करने के लिए कोई कदम नहीं उठाएगी तो समन्वय की प्रक्रिया 50 साल पीछे जा सकती है।

आइजनहॉवर के सलाहकारों ने किंग के मत को उचित बताया और राजनीतिक यथार्थ के आधार पर आइजनहॉवर ने फॉबस को रोडे आइलैंड के न्यूपोर्ट में मुलाकात के लिए बुलाया, जहाँ वह दौरे पर जा रहे थे। 14 सितंबर को दोनों की मुलाकात हुई और उन्होंने लिटिल रॉक की समस्या के बारे में बातचीत की। संक्षिप्त मुलाकात में आइजनहॉवर इस नतीजे पर पहुँचे कि फॉबस ने अश्वेत छात्रों के स्कूल में प्रवेश पर अपनी सहमति दे दी थी। राष्ट्रपति ने फॉबस से कहा कि छात्रों की सुरक्षा सुनिश्चित करने के लिए सेंट्रल हाई स्कूल में नेशनल गार्ड के जवानों को तैनात रखा जा सकता था।

लेकिन अर्कांसास लौटने पर फॉबस ने एक नई रणनीति पर विचार किया। आइजनहॉवर ने फॉबस की नीयत समझने में गलती की थी। फॉबस ने सैनिकों को हटाने का आदेश दे दिया। अब नौ छात्रों की सुरक्षा की जिम्मेदारी लिटिल रॉक की पुलिस पर रह गई थी।

23 सितंबर को अश्वेत छात्रों ने फिर सेंट्रल हाई स्कूल में प्रवेश करने का प्रयास किया, मगर उन्हें क्रुद्ध भीड़ के विरोध का सामना करना पड़ा। गालियों, फब्तियों और थूक फेंकने जैसे अपमानजनक बरताव के बीच छात्र किसी तरह स्कूल में दाखिल हो पाए।

24 सितंबर को लिटिल रॉक के मेयर वुडरो मान ने राष्ट्रपति आइजनहॉवर को तार भेजकर आगाह किया कि शहर की पुलिस के लिए कानून व्यवस्था की स्थिति को बहाल रख पाना संभव नहीं रह गया था। उन्होंने सेना भेजने का अनुरोध किया था, ताकि छात्रों की सुरक्षा सुनिश्चित की जा सके।

मेल-मिलाप की प्रक्रिया में इस तरह की रुकावट को देखकर आइजनहॉवर को स्वाभाविक रूप से गुस्सा आ गया। राष्ट्रपति किसी राज्य सरकार के खिलाफ संघीय बल के प्रयोग के खिलाफ थे। लेकिन वे अच्छी तरह समझ गए कि लिटिल रॉक में फॉबस ने वादा-खिलाफी की थी, इसलिए हालात तेजी से बेकाबू होते चले गए थे। आखिरकार राष्ट्रपति ने सैन्य कार्रवाई करने का फैसला किया। सबसे पहले उन्होंने अर्कांसास नेशनल गार्ड का राष्ट्रीयकरण कर दिया। इस तरह उस पर फॉबस का नियंत्रण खत्म हो गया। इसके बाद उन्होंने 101 एयरबोर्न डिवीजन के 1,000 सैनिकों को सेंट्रल हाई स्कूल भेजने का आदेश दे दिया।

सेना भेजने का आदेश देते हुए राष्ट्रपति ने राष्ट्रीय टी.वी. पर कहा, "संघीय अदालत के आदेश को लागू करने के संबंध में संघीय सरकार के अधिकार सीमित हैं, जिनका प्रयोग असाधारण और संकटजनक परिस्थितियों में किया जाना चाहिए। लिटिल रॉक में इसी तरह की परिस्थिति पैदा हो गई है। चुनौती से हमें निपटना होगा और नागरिकों के न्यायसंगत अधिकारों की सुरक्षा करनी होगी।"

25 सितंबर को सेना के जवानों के साथ अश्वेत छात्र सैनिक वाहन में सवार होकर स्कूल के प्रवेश द्वार तक पहुँचे। हेलीकॉप्टर से हालात पर नजर रखी जा रही थी। सेना क्रुद्ध भीड़ को रोकने का प्रयास कर रही थी। भीड़ में सेंट्रल हाई स्कूल के कई छात्र, उनके अभिभावक और दूसरे कई लोग शामिल

थे। सैनिकों ने भीड़ को पीछे की तरफ हटने के लिए मजबूर किया और नौ अश्वेत छात्र अपनी कक्षा में चले गए। कुछ दिनों तक प्रत्येक अश्वेत छात्र के साथ एक-एक सैनिक को अंगरक्षक के तौर पर तैनात रखा गया। इससे पहले कभी भी किसी पब्लिक स्कूल में अश्वेत छात्रों की शिक्षा सुनिश्चित करने के लिए संघीय सेना का इस्तेमाल नहीं किया गया था।

किंग जानते थे कि लिटिल रॉक मामले में राष्ट्रपति आइजनहॉवर के उठाए गए कदम का गहरा प्रभाव नागरिक अधिकार आंदोलन पर पड़ने वाला था और इससे संघीय भूमिका की परिभाषा निर्धारित होने वाली थी। किंग ने राष्ट्रपति को पत्र लिखा– "इतिहास में इस बात को विशेष रूप से दर्ज किया जाएगा कि कुछ भ्रमित लोगों के हिंसक विरोध की परवाह किए बिना आपने देश-हित में किस कदर महत्त्वपूर्ण कदम उठाया। आपने ईसाई परंपरा के भाईचारे और न्याय के सिद्धांत का अच्छी तरह पालन किया।"

धीरे-धीरे हिंसक भीड़ बिखरती गई और घटना की रिपोर्टिंग करनेवाले पत्रकारों की रुचि भी इस मामले में नहीं रह गई। नौ अश्वेत बच्चों को अब अपने बलबूते पर पढ़ाई को जारी रखना था। उन छात्रों के अभिभावकों, सलाहकारों और स्कूल अधिकारियों ने उनसे कहा कि विरोध की स्थिति में उन्हें किसी तरह की हाथापाई से दूर रहना था और अपमान या गाली-गलौज की किसी भी घटना की शिकायत स्कूल प्रशासन से करनी थी। ऐसी स्थिति में छात्र स्वयं को अत्यंत असुरक्षित महसूस कर रहे थे।

ऐसी परिस्थिति का फायदा श्वेतों का एक समूह उठा रहा था। वह नियमित रूप से अश्वेत छात्रों के साथ मारपीट करने लगा था। अश्वेत छात्रों के साथ दुर्व्यवहार करने के नए-नए बहानों की खोज की जाती थी। श्वेत समूह ने अश्वेत छात्रों को जान से मारने की धमकी भी दी थी। अश्वेत छात्रों के घरों में धमकी भरे फोन नियमित रूप से आते थे। कई बार उनके घर की खिड़कियों पर गोलीबारी भी की जाती थी। एक छात्र के चेहरे पर तेजाब भी फेंका गया था।

9 में से 8 अश्वेत छात्रों ने 27 मई, 1958 को सेंट्रल हाई स्कूल में अपनी पढ़ाई पूरी की और दीक्षांत समारोह में शामिल हुए। पुलिसकर्मियों के अलावा 125 संघीय सैनिकों को सुरक्षा के लिए तैनात किया गया था। इसके बाद हिंसा फैली थी। मेयर मान और उनके परिवार को जान से मारने की धमकी मिली थी। बम धमाके भी हुए थे।

स्नातक डिप्लोमा वितरण समारोह में 600 श्वेत छात्रों के साथ 1 अश्वेत छात्र भी शामिल हुआ था। किंग के लिए लिटिल रॉक का प्रसंग आनेवाले समय में जन-प्रतिरोध आंदोलन का आरंभिक कदम साबित होनेवाला था।

अटलांटा वापसी

दो साल तक किंग अटलांटा और मोंटगोमरी के बीच आवाजाही करते रहे। डेक्स्टर बैपटिस्ट चर्च के पेस्टर की जिम्मेदारी, नागरिक अधिकार आंदोलन की बढ़ती जिम्मेदारी और माता-पिता के प्रति संतान की जिम्मेदारी के बीच संतुलन बनाए रखने का प्रयास वे करते रहे। 23 अक्तूबर, 1958 को किंग की दूसरी संतान और प्रथम पुत्र मार्टिन लूथर किंग तृतीय का जन्म मोंटगोमरी में हुआ।

उन दिनों के अनुभव के बारे में फोरेटा किंग ने बताया था कि किस तरह उनके लिए भावनात्मक और शारीरिक रूप से दबाव को झेलना कठिन होता जा रहा था, "हमें संगीत सुनना और किताबें पढ़ना पसंद था, मगर अपने शौक के लिए हमारे पास खाली वक्त नहीं था। हम जब भोजन के लिए बैठते थे तभी कोई-न-कोई आगंतुक आ जाता था। इस तरह के दबाव सें हमारी परेशानी बढ़ती जा रही थी।"

जब जिम्मेदारियों के बीच संतुलन बनाए रखना नामुमकिन हो गया तब किंग और उनकी पत्नी ने महसूस किया कि उन्हें अपने पिता के प्रस्ताव को स्वीकार कर अटलांटा लौट जाना चाहिए और एबेनेजर बैपटिस्ट चर्च के पेस्टर का दायित्व ग्रहण कर लेना चाहिए। इस तरह वे जहाँ अपने गृहनगर में अपने माता-पिता और करीबी दोस्तों के बीच रह सकते थे, वहीं एस.सी.एल.सी. के कार्यों का संचालन बेहतर तरीके से उनके मुख्यालय में रहकर कर सकते थे।

29 नवंबर, 1959 को श्रद्धालुओं की सभा को जज्बाती अंदाज में संबोधित करते हुए किंग ने डेक्स्टर के पेस्टर पद से अपने त्यागपत्र की घोषणा की, "मैं आप लोगों को बताना चाहता हूँ कि काफी सोच-विचार के बाद मैं इस नतीजे पर पहुँचा हूँ कि अब मैं और रुक नहीं सकता। इतिहास ने मेरे कंधे पर एक जवाबदेही डाल दी है, जिसे मैं हरगिज नजरअंदाज नहीं कर सकता।" श्रद्धालु खड़े होकर प्रार्थना गाने लगे और किंग की आँखें नम हो गईं।

ग्रींसबोरो का आंदोलन

नॉर्थ केरोलिना के ग्रींसबोरो में फरवरी 1960 में नॉर्थ केरोलिना एग्रीकल्चरल एंड टेक्नीकल कॉलेज के 4 अश्वेत छात्रों ने वूलवर्थस स्टोर से खाने की चीजें खरीदीं और लंच काउंटर पर बैठ गए। जब उनसे एक वेट्रेस ने कहा कि वे श्वेतों के लिए आरक्षित काउंटर पर बैठ नहीं सकते तो छात्रों ने तर्क दिया कि उन्होंने उसी स्टोर से सामान खरीदा था, इसलिए खड़े रहने की जगह उन्हें बैठने की इजाजत मिलनी चाहिए। जब स्टोर के मैनेजर ने छात्रों पर वहाँ से जाने के लिए दबाव नहीं डाला तो वे लगभग एक घंटे तक काउंटर पर बैठे रहे। उसके बाद स्टोर बंद हो गया।

अगली सुबह चारों अश्वेत छात्र 20 से ज्यादा अश्वेत साथियों के साथ वूलवर्थस स्टोर में पहुँच गए। जब राष्ट्रीय अखबारों में सजे-धजे कॉलेजी अश्वेत छात्रों के विरोध के इस तरीके और मानवाधिकारों के पक्ष में संघर्ष करने, साथ ही हर दिन के विरोध कार्यक्रम के अंत में प्रार्थना करने की खबरें प्रकाशित हुईं तो देश भर के लोगों का ध्यान आकर्षित हुआ। यह सिलसिला पाँच महीनों तक चलता रहा। आंदोलनकारियों और श्वेत समूहों के बीच झड़पें हुईं। रंगभेद को माननेवाली दुकानों का अश्वेतों ने बहिष्कार करना शुरू किया। इस तरह के विरोध का प्रभाव भी पड़ा। स्थानीय प्रशासन ने आंदोलन रोकने की शर्त पर दुकानों की नीतियाँ बदलने का आश्वासन दिया।

उसी वर्ष के आखिरी हिस्से में देश के सैकड़ों नगरों में अश्वेत छात्रों ने रंगभेद की नीति के खिलाफ आंदोलन शुरू कर दिया। यह आंदोलन देश के दक्षिणी हिस्से के साथ उत्तरी हिस्से में भी शुरू किया गया। नॉर्थ केरोलिना के राले नगर में पुलिस ने 40 छात्रों को गिरफ्तार किया।

नासविले में 100 से अधिक छात्रों को पुलिस लंच काउंटर से पकड़कर जेल ले गई। नासविले का आंदोलन सुनियोजित तरीके से चलाया गया था, जिसका नेतृत्व जॉन लेवीस और वेंडरबिल्ट डिविनिटी स्कूल के छात्र जेम्स लॉसन ने किया था। लॉसन भी किंग की तरह महात्मा गांधी के अहिंसक प्रतिरोध में विश्वास रखता था। लॉसन के प्रयास में युवाओं का बड़ा हिस्सा अहिंसा के सिद्धांतों से दीक्षित हुआ और जिन्होंने आनेवाले समय में नागरिक अधिकार आंदोलन में अहम भूमिका निभाई। उनमें मेरियन बैरी और डायन नास का नाम प्रमुखता से लिया जा सकता है। नासविले का आंदोलन खासतौर पर

ग्रींसबोरो में कैदी मार्टिन

कामयाब रहा था, जहाँ के व्यावसायिक प्रतिष्ठानों ने रंगभेद को खत्म करना शुरू कर दिया था।

नॉर्थ केरोलिनां के डरहम में आयोजित जनसभा में विभिन्न राज्यों के छात्र शामिल हुए थे। जनसभा को संबोधित करते हुए किंग ने कहा था कि उन्हें जेल भरने के लिए हमेशा तत्पर रहना पड़ेगा। किंग ने एक रिपोर्टर को बताया, "विरोध प्रदर्शन के आंदोलन के जरिए लोगों को अपने दिल की भावना को व्यक्त करने का अवसर मिला है और स्थानीय स्तर पर लोग इस लड़ाई से जुड़ने लगे हैं।"

नागरिक अधिकार आंदोलन के कई नेताओं ने आंदोलनरत छात्रों को नॉर्थ केरोलिना के राले में स्थित शॉ यूनिवर्सिटी में एक सभा में भाग लेने के लिए आमंत्रित किया। नेताओं में किंग की सहयोगी एला बेकर भी शामिल थीं, जो एस.सी.एल.सी. के संचालन से जुड़ी थीं। बैठक में जहाँ अहिंसक प्रतिरोध के उपायों पर विचार किया गया, वहीं बेकर और अन्य नेताओं ने इस बात पर जोर दिया कि छात्रों को अपना संगठन बनाना चाहिए। कई कॉलेजों और सुधार संगठनों से जुड़े 200 छात्र प्रतिनिधि बैठक में शामिल हुए थे। इसी बैठक के बाद स्टूडेंट नॉन वाइलेंट कॉर्डिनेटिंग कमेटी (एस.एन.सी.सी) नामक संगठन की स्थापना की गई।

मेरियन बेरी को एस.एस.सी.सी. का अध्यक्ष बनाया गया। लेवीस और नास समेत नासविले के कई कार्यकर्ताओं ने संगठन की गतिविधियों की अहम जिम्मेदारी स्वीकार की। बेकर नए संगठन का दायित्व सँभालने के लिए एस.सी.एल.सी. से मुक्त हो गईं। हालाँकि वह किंग और एस.सी.एल.सी. की सलाहकार बनी रहीं।

अटलांटा के रिचस डिपार्टमेंटल स्टोर में किंग छात्रों के साथ विरोध कार्यक्रम में शामिल हुए। 13 छात्रों के साथ किंग को गिरफ्तार कर जेल भेज दिया गया।

अदालत में किंग ने कहा, "स्टोर में जाकर हमने कोई गलत काम नहीं किया।" विरोध प्रदर्शन का कारण उन्होंने बताया कि वे रंगभेद के विरोध में अटलांटा के लोगों में जागरूकता पैदा करना चाहते थे।

फ्रीडम राइड

सन् 1960 में अमेरिकी सुप्रीम कोर्ट ने बेंटम बनाम वर्जीनिया मामले में फैसला सुनाया कि अंतरराज्यीय यात्रा के दौरान रंगभेद का प्रचलन गैर-कानूनी था। इस फैसले के बाद बस टर्मिनलों, प्रतीक्षा गृहों, रेस्टोरेंटों, विश्रामगृहों और अंतरराज्यीय यात्रा से जुड़े अन्य स्थानों पर रंगभेद गैर-कानूनी घोषित कर दिया गया।

इस फैसले के तुरंत बाद नासविले के दो छात्रों जॉन लेवीस और बर्नार्ड लफायेटे ने अदालती फैसले की असलियत को आजमाना चाहा और दोनों राज्य से बाहर जा रही एक बस में सामने की सीट पर बैठ गए। जब दोनों को सफर के दौरान अधिक विरोध का सामना नहीं करना पड़ा तो एक राष्ट्रीय नागरिक अधिकार संगठन ने दोनों छात्रों से एक और साहसपूर्ण यात्रा की अगुवाई करने के लिए कहा। द्वितीय विश्व युद्ध के बाद स्थापित नागरिक अधिकार संगठन कांग्रेस ऑफ रेसियल इक्वेलिटी (CORE) ने दोनों छात्रों से एक 'फ्रीडम राइड' में शामिल होने के लिए कहा। प्रस्तावित बस यात्रा देश के दक्षिणी हिस्से में निकाली जानी थी, ताकि अदालती आदेश के प्रभाव का अंदाजा लगाया जा सके। इस सफर में भाग लेनेवाले की जान भी जा सकती थी, इसलिए लफायेटे के माता-पिता ने उसे यात्रा में शामिल होने की इजाजत नहीं दी; मगर लेवीस 'कोर' (CORE) की तरफ से चुने गए 12 युवा कार्यकर्ताओं के साथ यात्रा के लिए तैयार हो गया। मोंटगोमरी बस बहिष्कार आंदोलन के दौरान जिस तरह अश्वेतों ने अहिंसक प्रतिरोध के विभिन्न तरीकों को आजमाया था, ऐसे तमाम तरीकों का गहन प्रशिक्षण इन युवा कार्यकर्ताओं को प्रदान किया गया था।

4 मई, 1961 को 'फ्रीडम राइड' की शुरुआत वॉशिंगटन डी.सी. से हुई। 'ग्रे हाउंड' और 'ट्रेलवेज' नामक बसों में कार्यकर्ताओं ने सफर की शुरुआत की। वे 17 मई को लूसियाना के न्यू ऑर्लिएन्स शहर में पहुँचना चाहते थे। उसी दिन साल भर पहले सुप्रीम कोर्ट ने रंगभेद को गैर-कानूनी घोषित करने का फैसला सुनाया था। इस रणनीति का उद्देश्य स्पष्ट था-ऐसा माहौल तैयार करना, ताकि संघीय सरकार को कानून की बहाली के लिए उसी तरह हस्तक्षेप करना पड़े,

जिस तरह लिटिल रॉक के मामले में करना पड़ा था। 'फ्रीडम राइड' के कार्यकर्ताओं ने तय किया था कि वे बसों में अलग-अलग बैठकर यात्रा करेंगे और जब बसें आरक्षित पड़ावों पर रुकेंगी तो अश्वेत कार्यकर्ता श्वेतों के लिए आरक्षित सुविधाओं का लाभ उठाएँगे और कुछ श्वेत कार्यकर्ता अश्वेतों के लिए निर्धारित सुविधाओं का इस्तेमाल करेंगे। ये कार्यकर्ता जानते थे कि उन्हें विरोध का सामना करना पड़ेगा; मगर वे इस बात को लेकर पहले से ही तैयार थे।

कोर (CORE) के निदेशक जेम्स फार्मर ने बाद में बताया, "जब हम लोगों ने सफर की शुरुआत की, उसी समय हम जानते थे कि हमें अधिक-से-अधिक हिंसा का सामना करने के लिए तैयार रहना पड़ेगा। हम अपनी मौत का सामना करने के लिए भी तैयार हो गए थे।"

सफर के दौरान कार्यकर्ताओं को धमकियों और छिटपुट हिंसक झड़पों का सामना करना पड़ा; मगर अलबामा में असली खतरा उनका इंतजार कर रहा था। अटलांटा से मोंटगोमरी की तरफ रवाना होने से पहले किंग ने 'फ्रीडम राइड' के कार्यकर्ताओं को एक सभा में आमंत्रित किया। किंग ने कार्यकर्ताओं के साहस की सराहना करते हुए कहा कि वे लोग जान जोखिम में डालकर न्याय के लिए आवाज बुलंद कर रहे थे। एकांत में किंग ने महसूस किया कि कार्यकर्ताओं पर कभी भी जानलेवा हमला हो सकता था।

14 मई, 1961 को मदर्स डे मनाया जा रहा था। कार्यकर्ता दो समूहों में बँटकर अलबामा इलाके में यात्रा कर रहे थे। अलबामा के एनीस्टन में करीब 200 श्वेतों की भीड़ चाकू, लाठी, लोहे की छड़ आदि हथियारों के साथ उनकी राह देख रही थी। जैसे ही बस वहाँ पहुँची, भीड़ ने पत्थर बरसाना शुरू कर दिया और बस के टायरों को काट डाला। नर-संहार की आशंका को देखते हुए बस ड्राइवर ने बस को लेकर अमेरिकी राजमार्ग संख्या 78 पर तेजी से भागने की कोशिश की। टायर बेकार होने पर भी बस कुछ दूर आगे ले जाने में ड्राइवर को सफलता मिली; मगर कुछ कारों ने बस को घेरना शुरू कर दिया।

आखिरकार ड्राइवर ने बस खड़ी कर दी। हमलावरों ने बस में आग लगा दी और कार्यकर्ताओं को बस से बाहर निकलने से रोकने लगे। उसी दौरान 'फ्रीडम राइड' में शामिल युवाओं पर भीड़ की तरफ से कई तरह की चीजें फेंकी गईं।

उसी समय अलबामा के सुरक्षाकर्मी घटनास्थल पर पहुँच गए। उन्होंने भीड़ को तितर-बितर कर दिया और घायल छात्रों को नजदीकी अस्पताल में भरती करवाया। जलती हुई बस की तसवीर बाद में पूरी दुनिया ने देखी और यह महसूस

किया कि रंगभेद मिटाने की कोशिश करनेवालों को कैसी नफरत और हिंसा का सामना करना पड़ रहा था।

'फ्रीडम राइड' के दूसरे समूह की अग्निपरीक्षा बर्मिंघम में हुई। बर्मिंघम बस अड्डे पर बुरी तरह उनकी पिटाई की गई। अलबामा के गवर्नर ने कहा, "अगर कोई जानबूझकर मुसीबत मोल लेना चाहता है तो फिर क्या किया जा सकता है। मूर्खों की सुरक्षा सुनिश्चित नहीं की जा सकती और ये लोग मूर्ख ही हैं।" बाद में यह तथ्य स्पष्ट रूप से सामने आया कि कार्यकर्ताओं की पिटाई करने के लिए कू क्लूक्स क्लेन के सदस्यों को पुलिस, गवर्नर कार्यालय और अन्य स्थानीय अधिकारियों की तरफ से खुली छूट दी गई थी।

जिस पैमाने पर हमले किए गए, उसे देखकर जहाँ कार्यकर्ता स्तब्ध रह गए वहीं बस कंपनियों को भी हैरानी महसूस हुई। बस कंपनियों को ड्राइवरों की सुरक्षा की चिंता सताने लगी। घायल कार्यकर्ता विमान में सवार होकर न्यू ओर्लिएंस पहुँचे।

इस बीच विद्यार्थियों की तरफ से आंदोलन को आगे बढ़ाने का सिलसिला शुरू हो गया। नासविले में डायन नास की अगुवाई में युवाओं ने बर्मिंघम से मोंटगोमरी तक की यात्रा शुरू की। बाद में डायन नास ने कहा, "हिंसा की वजह से 'फ्रीडम राइड' में शामिल कार्यकर्ताओं को अपना सफर रोकना पड़ा था। तब मैंने महसूस किया कि हमारे आंदोलन के भविष्य के लिए यह अच्छी बात नहीं थी। इस तरह का माहौल बनाया गया था कि जब भी अश्वेत कोई आंदोलन शुरू करें तो हिंसा का इस्तेमाल कर उनके इरादे को तोड़ डाला जाए।"

17 मई को बर्मिंघम पुलिस ने नासविले के युवाओं को गिरफ्तार कर जेल में डाल दिया। पुलिस का कहना था कि ऐसा उसने अपनी सुरक्षा को ध्यान में रखते हुए किया था। अगली सुबह पुलिस ने युवाओं को जेल से निकालकर राज्य की सीमा के बाहर टेनीसी में सड़क किनारे छोड़ दिया। बर्मिंघम प्रशासन ने सोचा था कि इस तरह निकाले जाने के बाद छात्र बर्मिंघम लौटकर नहीं आएँगे। छात्र रेलवे की पटरी पर चलते रहे और एक अश्वेत परिवार में पहुँच गए। अश्वेत परिवार उनकी मदद करने के लिए तैयार हो गया। परिवार ने एक ड्राइवर से बात की, जो छात्रों को बर्मिंघम पहुँचाने के लिए तैयार हो गया। इस तरह छात्र वापस वहाँ पहुँच गए।

चूहे-बिल्ली का यह खेल अब खतरनाक होता जा रहा था। वॉशिंगटन में राष्ट्रपति जॉन एफ. केनेडी की अगुवाई में नए डेमोक्रेटिक प्रशासन ने सत्ता सँभाल

ली थी। स्वाभाविक रूप से केनेडी प्रशासन नागरिक अधिकार मामले में हस्तक्षेप करने से बचना चाहता था। डेमोक्रेटिक पार्टी का जनाधार देश के दक्षिणी हिस्से में मजबूत था और दक्षिण के मतदाताओं की मदद से सन् 1960 के राष्ट्रपति पद के चुनाव में उसे बहुमत हासिल हो पाया था। केनेडी और उनके भाई रॉबर्ट केनेडी व्यक्तिगत रूप से दक्षिण के अश्वेतों के प्रति सहानुभूतिशील थे। लेकिन रंगभेद के मसले पर वे अपने मतदाताओं को नाराज करने की स्थिति में नहीं थे।

राजनीतिक घटनाक्रम का विश्लेषण करने में सिद्धहस्त किंग का मानना था कि अगर अश्वेत आबादी अहिंसक प्रतिरोध जारी रखेगी और अपनी माँगों के लिए अनवरत संघर्ष करती रहेगी तो सरकार के लिए न्याय की उपेक्षा करना कठिन हो जाएगा। उनका सोचना बिलकुल सही था।

अलबामा के गवर्नर कार्यालय में आंदोलन पर विचार करने के लिए अधिकारियों की बैठक आयोजित हुई, जिसमें अपने राजनीतिक कैरियर को लेकर चिंतित रंगभेद समर्थक गवर्नर जॉन पैटरसन ने कहा, "फ्रीडम राइड के खिलाफ उठाए गए मेरे कदम को लेकर मुझे देश भर से बधाई संदेश मिल रहे हैं। आज की तारीख में मैं केनेडी से ज्यादा लोकप्रिय हूँ।" इतना कुछ कहने के बावजूद गवर्नर को कहना पड़ा कि वह अलबामा में सफर करनेवाले अश्वेतों की सुरक्षा करेगा।

20 मई को बर्मिंघम से मोंटगोमरी तक 90 मील की यात्रा शांतिपूर्ण रही थी, क्योंकि 15–20 मील की दूरी पर सुरक्षा बल की गाड़िया तैनात थीं और हेलीकॉप्टर से निगरानी की जा रही थी। पत्रकार और गुप्तचर ग्रेहाउंड बस के पीछे–पीछे कार में सवार होकर आगे बढ़ते जा रहे थे।

लेकिन बस जब मोंटगोमरी पहुँची तो सारा मंजर ही बदल गया। वहाँ कहीं भी पुलिसकर्मी नजर नहीं आ रहे थे। बस टर्मिनल सुनसान नजर आ रहा था। 'फ्रीडम राइड' में शामिल कार्यकर्ताओं को अहसास हो गया कि उन्हें फँसाया गया था। यही अनुभव बर्मिंघम में कार्यकर्ताओं को पहले भी हो चुका था। और फिर पलक झपकते ही चारों तरफ अश्वेत हमलावरों की भीड़ दिखाई देने लगी थी।

बर्मिंघम की तरह मोंटगोमरी में भी उस दिन पीट–पीटकर कई कार्यकर्ताओं को बेहोश कर दिया गया था। श्वेतों ने कार्यकर्ताओं को खदेड़–खदेड़कर बेरहमी के साथ पीटा था। एक श्वेत कार्यकर्ता जिम ज्वेर्ग बुरी तरह घायल हुआ था। केनेडी प्रशासन की तरफ से हालात को काबू में रखने के लिए भेजा गया प्रतिनिधि

जॉन सीजेनथालर भी हमले में जख्मी हो गया था।

मोंटगोमरी के हमले की खबर जब वॉशिंगटन पहुँची तो एटॉर्नी जनरल रॉबर्ट केनेडी दंग रह गए। उन्होंने फेडरल मार्शल को मोंटगोमरी रवाना कर दिया।

रविवार 21 मई को किंग मोंटगोमरी वापस आए। हवाई अड्डे पर 50 फेडरल एजेंटों ने किंग से मुलाकात की और रॉल्फ आबरनथी स्थित उनके घर तक पहुँचने के लिए सुरक्षा का प्रबंध किया। घर पहुँचकर किंग ने अपने सहयोगियों के साथ विचार-विमर्श किया और उसी शाम आबरनथी चर्च में जनसभा आयोजित करने का फैसला किया। अपने भाषण में किंग ने कोर (CORE) संगठन को 'फ्रीडम राइड' आयोजित करने के लिए धन्यवाद दिया। उन्होंने कार्यकर्ताओं के साहस की सराहना की, जिन्होंने निर्भीकतापूर्वक क्रुद्ध भीड़ की हिंसा का सामना किया था। किंग ने श्वेत हमलावरों की नृशंसता और क्रूरता की तुलना जर्मनी में हिटलर के शासनकाल के आतंक के साथ की। किंग ने हिंसा के लिए गवर्नर कार्यालय को पूरी तरह जिम्मेदार ठहराया। किंग ने गवर्नर पैटरसन की भूमिका की निंदा करते हुए कहा कि अगर मामले में संघीय सरकार हस्तक्षेप नहीं करेगी तो पूरी तरह अराजकता की स्थिति पैदा हो जाएगी। उन्होंने कहा कि जब दक्षिण के अश्वेत नागरिकों पर कहर बरपाया जाएगा तो वे मूकदर्शक बनकर बैठे नहीं रहेंगे।

किंग ने कहा, "मैं आप लोगों से अनुरोध करता हूँ कि आप अहिंसा के पथ पर पहले की तरह चलते रहें। 'फ्रीडम राइड' में शामिल कार्यकर्ताओं ने हमारे सामने साहस का अद्‌भुत उदाहरण प्रस्तुत किया है और उन्होंने दिखा दिया है कि अहिंसक प्रतिरोध की शक्ति के जरिए हिंसा का किस तरह सामना किया जा सकता है। रंगभेद की बेड़ियों से अपने आपको मुक्त करने के लिए हमारे पास यही बेहतर तरीका है। जैसे-जैसे हम अलबामा, मिसीसिपी और दक्षिण के दूर-दराज के इलाकों में अपने आंदोलन को तेज करते जाएँगे, हमें और भी अधिक कठिनाइयों का सामना करना पड़ेगा। हमारे विरोध में हिंसा की लहर तेज होती जाएगी। मैं मानता हूँ कि इस समय हम लोग तकलीफों के दौर से गुजर रहे हैं; लेकिन इस समय हम जो तकलीफ झेलेंगे, उसका सही परिणाम एक दिन जरूर सामने आएगा। सच्चे उद्‌देश्य के लिए तकलीफ उठाना मानवता की सेवा है। हमें खुद को और अमेरिकी समाज को बदलने के लिए अग्नि-परीक्षा से होकर गुजरना होगा। आनेवाले समय में हमें हिंसा को देखकर बिलकुल नहीं घबराना है। हम प्रेम और भाईचारे के सिद्धांत का साथ कभी नहीं छोड़ेंगे।"

जब किंग चर्च में भाषण दे रहे थे तब फेडरल मार्शलों का जत्था चर्च के बाहर सैकड़ों क्रुद्ध श्वेतों को नियंत्रित करने की कोशिश कर रहा था। इस अवसर पर भीड़ को नियंत्रित करने के लिए आँसू गैस के गोले का प्रयोग करना पड़ा।

24 मई को केनेडी ने फेडरल मार्शल को निर्देश दिया कि मिसीसिपी तक 'फ्रीडम राइड' के कार्यकर्ताओं की सुरक्षा सुनिश्चित की जानी चाहिए। केनेडी ने मिसीसिपी के सांसद जेम्स इस्टलैंड से समझौता किया कि अगर इस्टलैंड अपने प्रभाव का इस्तेमाल कर 'फ्रीडम राइड' के कार्यकर्ताओं के खिलाफ हिंसा रोकेंगे तो रंगभेद-विरोधी कानून के पक्ष में संघीय सेना का इस्तेमाल नहीं किया जाएगा।

मिसीसिपी के जैक्सन बस अड्डे पर इस बार क्रुद्ध भीड़ दिखाई नहीं दे रही थी। फ्रेडरिक लिओनार्ड ने बाद में कहा, "अब हम लोग आगे बढ़े तो पुलिस ने हमसे बेहिचक बढ़ने के लिए कहा। हमें कहीं रोका नहीं गया। लेकिन फिर हमें गिरफ्तार कर जेल में ठूँस दिया गया।"

फ्रीडम राइड आंदोलन ने केनेडी प्रशासन को नागरिक अधिकार मसले पर पहल करने के लिए मजबूर कर दिया। केनेडी प्रशासन ने अंतरराज्यीय वाणिज्य कमीशन को आदेश दिया कि वह अपने अधिकार-क्षेत्र के तमाम स्थलों पर रंगभेद को प्रतिबंधित कर दें।

किंग मानते थे कि रंगभेद की बेड़ियों से मुक्ति के लिए 'फ्रीडम राइड' युवा अश्वेतों का एक इम्तहान था। युवाओं की इच्छा-शक्ति ही आंदोलन के लिए ईंधन का काम करने वाली थी।

□

पारिवारिक जीवन

नागरिक अधिकार के लिए किए जा रहे किंग के संघर्ष में उनकी पत्नी सदैव उनके कंधे से कंधा मिलाकर काम करती रहीं। किंग ने विवाह के तुरंत बाद ही अपना संघर्ष शुरू कर दिया था। वर्ष 1968 से पहले के वर्षों में फोरेटा किंग को भय के साये में जीने की आदत डालनी पड़ी थी। 4 अप्रैल, 1968 को उनके पति के साथ जो त्रासदीपूर्ण हादसा हुआ, उस तरह के हमले की आशंका उनके मन में पहले से ही बनी हुई थी। उन्होंने अपने पति को मिलने वाली धमकियों को करीब से महसूस किया था और सदैव अपने पति के सिर पर मृत्यु के साये को मँडराते हुए देखा था। हालाँकि वह जानती थीं कि किसी भी पल उनका सुहाग उजड़ सकता है और बच्चों के पालन-पोषण की जिम्मेदारी उन्हें अकेले निभानी पड़ सकती है। इसके बावजूद उन्होंने कभी अपने पति को उनके चुने गए मार्ग से हटाने का प्रयास नहीं किया। वह जानती थीं कि उनके पति ने मरते दम तक अपने समुदाय के लोगों को न्याय और समानता दिलाने के लिए संघर्ष करने का संकल्प लिया था।

फोरेटा किंग को याद था कि बचपन में किस तरह 5 मील पैदल चलकर पढ़ने के लिए एक कमरेवाले स्कूल में पहुँचती थीं, जिसका निर्माण अश्वेत बच्चों के लिए किया गया था। जब वह रोजाना पैदल चलती हुई 5 किलोमीटर की दूरी

अपने पूरे परिवार के साथ प्रसन्नता के क्षण

तय कर अश्वेतों के लिए एक कमरे के स्कूल में पहुँचतीं तो रास्ते में स्कूल बसों मे सजे-सँवरे श्वेत बच्चों को बेहतरीन स्कूलों में पढ़ने के लिए जाते हुए हसरत भरी निगाहों से देखतीं। "जहाँ तक मुझे याद है, मैंने उसी समय संकल्प लिया था कि हालात को सुधारने के लिए मुझे कुछ-न-कुछ करना होगा।" फोरेटा किंग ने बाद में कहा।

वह जानती थीं कि हालात में बदलाव लाने के लिए उसे अच्छी शिक्षा

प्राप्त करने की जरूरत होगी। वह मेहनत और लगन के साथ अपने लक्ष्य को पाने में जुट गई थीं। उन्होंने अलबामा के मेरियन में स्थित लिंकन हाई स्कूल से स्नातक की पढ़ाई पूरी की। जल्द ही उन्हें ओहियो के येलो स्प्रिंग में स्थित एंटीयोक कॉलेज में उच्च शिक्षा प्राप्त करने के लिए छात्रवृत्ति मिल गई। कॉलेज में पाँच अश्वेत विद्यार्थियों में वह भी एक थीं। वहाँ से पढ़ाई पूरी करने के बाद फोरेटा किंग ने एक छात्रवृत्ति की सहायता से बोस्टन में स्थित न्यू इंग्लैंड कंजरवेटरी ऑफ म्यूजिक में दाखिला ले लिया। संगीत की शिक्षा ग्रहण करते समय ही फोरेटा की मुलाकात अपने भावी जीवन साथी किंग से हुई।

किंग से मिलने के बाद फोरेटा उनके व्यक्तित्व से इस कदर प्रभावित हुईं कि उन्होंने संगीत के क्षेत्र में कैरियर बनाने का अपना इरादा छोड़ दिया। सन् 1953 में दोनों का विवाह हो गया। किंग दंपती की चार संतानें पैदा हुईं। बच्चों ने भी खतरे के साये में जीने की आदत डाल ली। फोरेटा किंग ने कहा, "हमारे जीवन के संकट के समय में हमारे बच्चे पैदा हुए और पले-बढ़े।"

जब उनकी बेटी चोलांडा छोटी सी थी, उसी समय मोंटगोमरी में स्थित किंग के घर में बम फेंका गया था। उनके पुत्र मार्टिन लूथर किंग तृतीय की उम्र जब एक साल की थी, तभी एक मनोरोगी अश्वेत महिला ने किंग पर चाकू से जानलेवा हमला किया था। जब उनका पुत्र डेक्स्टर गर्भ में था, उसी समय पुलिस किंग को जंजीरों में जकड़कर अटलांटा जेल में घसीटती हुई ले गई थी।

जब बच्चे बड़े हुए तो वे अपनी माँ फोरेटा किंग से पूछने लगे कि क्यों उनके पिता दूसरे बच्चों के पिता की तरह घर में नहीं रहते? किंग विभिन्न सभाओं और विरोध कार्यक्रमों में भाग लेने के लिए जाते रहते थे। फोरेटा किंग ने बच्चों को पिता के महान् उद्देश्यों के बारे में बताया। उन्होंने बच्चों को बताया कि उनके पिता भी उनसे बेहद प्यार करते थे। लेकिन लोगों की भलाई के कार्यों में व्यस्त रहने के कारण बच्चों को समय नहीं दे पा रहे थे। बच्चे समझ गए कि किस तरह उनके पिता अश्वेत समुदाय को न्याय दिलाने की जंग लड़ रहे थे।

बच्चे पूछते थे, "डैडी को जेल क्यों जाना पड़ता है?" फोरेटा किंग को इस सवाल का जवाब देने में कठिनाई होती थी। वह बच्चों को संतुष्ट करने के लिए कहत्ती थीं, "लोगों की मदद करने के लिए तुम्हारे डैडी को जेल जाना पड़ता है। बहुत सारे लोग ऐसे हैं जिनके पास रहने के लिए बेहतर घर नहीं हैं, खाने के लिए अनाज नहीं हैं, पहनने के लिए कपड़े नहीं हैं। तुम्हारे डैडी कोशिश कर रहे हैं कि सभी लोगों रोटी-कपड़ा-मकान मिले।"

फोरेटा किंग ने उन दिनों को याद करते हुए कहा, "बच्चे अपने पिता से बेहद लगाव रखते थे। वे बच्चों से बहुत लगाव रखते थे और अधिकतर समय घर से बाहर रहने के कारण उन्हें बच्चों की चिंता रहती थी। जब भी वे घर लौटते थे, बच्चे खुशी से झूम उठते थे और उनसे लिपट जाते थे।"

जब राष्ट्रपति केनेडी की हत्या की गई तो किंग के बच्चों को भी अहसास होने लगा कि किसी दिन उनके पिता की भी हत्या हो सकती थी। केनेडी की हत्या के बाद योलांडा ने कहा, "राष्ट्रपति केनेडी मारे जा चुके हैं। उन्होंने किसी का कुछ नहीं बिगाड़ा था, फिर भी उन लोगों ने उनकी हत्या कर दी। मम्मी, लगता नहीं कि हमें आसानी से आजादी मिल पाएगी।" फोरेटा किंग ने अपनी युवा पुत्री को समझाने की कोशिश करते हुए कहा, "ईश्वर हमारे साथ है। वही हम लोगों की रक्षा भी करेगा।"

फोरेटा किंग सन् 1964 में अपने पति के साथ गई थीं, जब वह नोबेल शांति पुरस्कार ग्रहण करने के लिए गए थे। यात्रा के दौरान उन्हें योलांडा की कही बातें याद आ रही थीं। उनके पति को जान से मारने की कई धमकियाँ मिल चुकी थीं। नॉर्वे में किसी तरह का रंगभेद न देखकर फोरेटा किंग ने कहा, "काश, हम लोग यहाँ हमेशा के लिए रह पाते। पिछले दस सालों से हम लोग दिन-रात मौत के साये में जीते रहे हैं।" मगर उनके पति अपने लोगों और उनकी समस्याओं से दूर नॉर्वे जैसे देश में हमेशा के लिए नहीं रह सकते थे, न ही पति के प्रति समर्पित फोरेटा किंग उन्हें अपने उद्देश्य से विचलित होने के लिए कह सकती थीं। इस तरह वे अपने देश लौट आए।

नागरिक अधिकारों के लिए किए जा रहे संघर्ष के दौरान किंग दंपती को विभिन्न तरह की मुसीबतों का सामना करना पड़ा। इस दौरान कई लोगों को जान भी गँवानी पड़ी। सन् 1963 में बर्मिंघम के एक चर्च में चार बच्चों ने बम से हमला किया गया। नागरिक अधिकार आंदोलन के एक नेता मेडगर इबनस की हत्या उसी साल गोली मारकर कर दी गई। लोग सोचते थे कि इन हमलों से किंग हौसला खो सकते थे, मगर किंग अपने पथ पर अडिग बने रहे। उन्होंने कहा, "अहिंसक आंदोलन में कुर्बानी देनी पड़ती है। आप विरोधी के साथ हिंसा नहीं करते, मगर आपको हिंसा का सामना करने के लिए तैयार रहना पड़ेगा।"

□

अनवरत संघर्ष

सन् 1959 में किंग अपने परिवार के साथ अटलांटा लौट आए और एबेनेजर बैपटिस्ट चर्च में अपने पिता के साथ पेस्टर का दायित्व निभाने लगे। लेकिन मोंटगोमरी की कामयाबी उन्हें आनेवाले समय में चैन से नहीं बैठने देने वाली थी और उन्हें मरते दम तक नागरिक अधिकारों के लिए जंग लड़नी थी।

मोंटगोमरी की बसों में रंगभेद का नियम खत्म होना अहिंसक प्रतिरोध की नैतिक विजय थी; लेकिन इसके साथ ही जोखिम की स्थिति भी पैदा हो गई थी। उग्र विचारोंवाले श्वेत नागरिक अश्वेतों की विजय देखकर क्षुब्ध और हिंसक हो उठे थे। वे किसी भी कीमत पर अश्वेतों के बढ़ते कदम को रोकना चाहते थे। दूसरी तरफ अश्वेतों के बीच हताशा बढ़ती जा रही थी, क्योंकि वे तीव्रता के साथ न्याय संगत अधिकार हासिल करने के लिए बेताब थे। इस तरह एक वर्ग के मन में गुस्सा और नफरत का भाव बढ़ गया था तो दूसरा वर्ग हिंसा का सहारा लेकर अपना हक हासिल करने की बात करने लगा था। उग्र अश्वेतों का एक समूह मानता था कि श्वेत कभी अहिंसा की भाषा समझ नहीं सकते और सिर्फ हिंसा का सहारा लेकर ही समानता का अधिकार हासिल किया जा सकता है।

इसी दौरान मोंटगोमरी में श्वेत हमलावरों ने हिंसा की कई वारदातों को अंजाम दिया था और बहिष्कार आंदोलन को रोकना पड़ा था। इसके बाद विद्यार्थियों का विरोध प्रदर्शन तेज होने लगा था। किंग एक तरफ अश्वेतों की बेसब्री को महसूस कर रहे थे तो दूसरी तरफ श्वेतों की आक्रामकता बढ़ती ही जा रही थी।

नोबेल शांति पुरस्कार के साथ मार्टिन

बस बहिष्कार आंदोलन के बाद श्रृंखलाबद्ध बम धमाकों की वारदात ने मोंटगोमरी को हिलाकर रख दिया था। एक ही रात में ये बम धमाके हुए थे। रात 1.55 बजे पहला धमाका अश्वेतों की बस्ती में किया गया। 4 मिनट बाद शहर के अन्य हिस्से में दूसरा धमाका हुआ। इसके तुरंत बाद 2 और धमाके हुए। सुबह होते-होते 6 धमाके हो चुके थे, जिसमें अश्वेतों के 4 चर्चों को नुकसान पहुँचा था। इसके अलावा रंगभेद-विरोधी पादरी और किंग के सहयोगी रॉल्फ अबेरनाथी और रॉबर्ट ग्रेत्ज के आवासों को भी नुकसान पहुँचा था। इस तरह के धमाकों के चलते अश्वेत समुदाय स्तब्ध रह गया था। इस तरह की बेरहमी के खिलाफ जनमानस में तीव्र प्रतिक्रिया हुई थी।

रंगभेद के खिलाफ रणनीति तैयार करने के लिए दक्षिण के नौ राज्यों के 60 अश्वेत नेता अटलांटा में आयोजित दो दिवसीय सम्मेलन में भाग ले रहे थे, जिसकी अगुवाई किंग कर रहे थे। उसी सम्मेलन के तुरंत बाद मोंटगोमरी में बम धमाके किए गए थे। सम्मेलन में 'साउथर्न क्रिश्चियन लीडरशिप कॉन्फ्रेंस' नामक नए संगठन की स्थापना की गई। संगठन ने अमेरिका के एटॉर्नी जनरल से मिलने का समय माँगा था, ताकि मोंटगोमरी में फैली हिंसा पर रोकथाम के लिए न्याय विभाग के संभावित उपायों पर विचार किया जा सकता था।

संगठन के अनुरोध को स्वीकार नहीं किया गया था। जनवरी 1960 में

जब एस.सी.एल.सी. संगठन के रूप में पहचान बना रहा था, किंग अटलांटा आ गए। मगर मोंटगोमरी के बदलते हालात के साथ किंग की चुनौतियाँ भी बढ़ती चली गईं।

फरवरी 1960 में एक दिन अनहोनी हो गई। नॉर्थ केरोलिना की वस्त्र नगरी ग्रींसबोरो में अश्वेत विद्यार्थियों के लिए स्थापित एग्रीकल्चरल एंड टेक्नीकल कॉलेज के प्रथम वर्ष के छात्र साउथ एल्म स्ट्रीट पर स्थित एफ. डब्ल्यू. वूलवर्थ स्टोर के लंच काउंटर पर बैठ गए, जो काउंटर सिर्फ श्वेतों के लिए आरक्षित था। ग्राहकों और दूसरों के लिए यह अचरज भरा मंजर था। कुछ श्वेत ग्राहकों ने उन्हें नजरअंदाज किया तो कुछ ने सर्द नजरों से उनकी तरफ देखा। अश्वेत छात्र किताबें पढ़ रहे थे। श्वेत वेट्रेस अश्वेत छात्रों की फरमाइश को अनसुनी कर रही थीं। स्टोर बंद होने के समय तक छात्र वहीं बैठे रहे। यह धैर्य का कठिन इम्तहान था। अगली सुबह छात्र 25 साथियों को लेकर लंच काउंटर पर आ गए। उनके प्रयोग से अन्य अश्वेत युवा भी प्रेरित हुए। एक महीने के भीतर पाँच दक्षिणी राज्यों के 14 शहरों में छात्रों ने इस तरह का 'सिट-इन' आंदोलन शुरू कर दिया। लंच काउंटरों में नियम प्रचलित था कि केवल खड़े रहनेवाले अश्वेतों को ही खाने की चीजें परोसी जा सकती थीं बैठे रहनेवाले अश्वेतों को नहीं। छात्र इस नियम को चुनौती दे रहे थे। वे समानता का अधिकार हासिल करने के लिए 'सिट-इन' आंदोलन को तेज करते जा रहे थे। आखिरकार इस नियम को बदलने के लिए स्टोर मालिकों को मजबूर होना पड़ा।

रंगभेद का समर्थन करनेवाला संगठन क्लूक्स क्लेन और अन्य हिंसक समूह युवाओं के ऐसे अभियान से आगबबूला हो उठे। इन संगठनों ने बल-प्रयोग और धमकी का इस्तेमाल शुरू कर दिया। बम धमाके की धमकियाँ मिलने के बाद साउथ केरोलिना के डरहम, ग्रींसबोरो और रॉक हिल में स्थित स्टोर बंद कर दिए गए। जैसा कि स्वाभाविक था, नागरिक अधिकार संगठनों ने हस्तक्षेप किया और दक्षिण के दूसरे इलाकों में 'सिट-इन' कार्यक्रम को प्रोत्साहित करना शुरू कर दिया। ग्रींसबोरो में सिट डाउन आंदोलन शुरू होने के पाँच दिनों के बाद कांग्रेस ऑफ रेसियन इक्वेलिटी का एक प्रतिनिधि ग्रींसबोरो पहुँचा। उसने ऐलान किया कि उसका संगठन आंदोलन की अगुवाई करने के लिए तैयार था। प्रतिनिधि ने छात्रों से कहा कि वे अधिक-से-अधिक स्टोरों में सिट इन अभियान चलाएँ। छात्र नेताओं ने कहा कि उनका आंदोलन स्थानीय किस्म का था

और उनका नाता किसी राष्ट्रीय स्तर के संगठन के साथ नहीं था। यह बात पूरी तरह सच थी। सिट इन आंदोलन भले ही बड़े पैमाने पर फैलता गया था, मगर इसके पीछे किसी संगठन का योगदान नहीं था। यह एक विचार पर आधारित आंदोलन था, जो स्वतःस्फूर्त रूप से शुरू हो गया था। लेकिन अहिंसा के सिद्धांत को माननेवाले किंग छात्रों के विचारों और अनुभूतियों से सीधे तौर पर जुड़े हुए थे। वे छात्रों के लिए प्रेरणा का काम कर रहे थे।

किंग की तरह छात्र अपने स्तर पर समाधान का अन्वेषण कर रहे थे। इस अभियान के दौरान छात्रों को पीटा गया, थप्पड़ बरसाए गए, थूक फेंके गए, सिगरेट से चमड़ी जलाई गई, गालियाँ सुनाई गईं, फिर भी वे चुपचाप सड़कों पर शांतिपूर्ण जुलूस निकालते रहे। श्वेतों का समूह उन्हें 'कम्युनिस्ट' या 'देशद्रोही' कहकर पुकारता था और उन पर पत्थर बरसाता था। सारे जुल्मों को सहन करते हुए अश्वेत छात्र अन्याय को खत्म करने के संकल्प पर अडिग बने हुए थे। हिंसा व दुर्व्यवहार बढ़ते जाने के साथ ही छात्रों का फौलादी इरादा और भी मजबूत होता गया था। छात्रों ने अन्याय के सामने साहस की शक्ति का अद्‌भुत उदाहरण प्रस्तुत किया था। यह युवाओं की नई जमात थी, जिनकी आत्मा में स्वतंत्रता हिलोरें मार रही थी और आँखें ज्ञान की रोशनी से चमक रही थीं।

इसी दौरान अटलांटा के सबसे बड़े डिपार्टमेंटल स्टोर रीच्स में किंग छात्रों के साथ सिट इन कार्यक्रम में शामिल हुए। रीच्स में अश्वेतों को लंच काउंटर पर भोजन नहीं परोसा जाता था। अन्य प्रदर्शनकारियों के साथ किंग को भी गिरफ्तार कर लिया गया। रीड्सविले कारागार में किंग को चार महीने के कारावास की सजा झेलने के लिए भेज दिया गया। जिस शहर में नस्लगत सहिष्णुता का माहौल बना हुआ था, उस शहर में इस तरह का दंड अन्याय का उदाहरण बन गया था। डे काप काउंटी अदालत के जज ऑस्कर मिशेल का कहना था कि किंग की अटलांटा में गिरफ्तारी होने से स्पष्ट था कि उन्होंने पहले से लगाए गए प्रतिबंध का उल्लंघन किया था, क्योंकि किंग अलबामा के लाइसेंस के आधार पर जॉर्जिया में वाहन चलाते रहे थे। किंग पर 25 डॉलर का जुर्माना भी लगाया गया। किंग के वकीलों ने दलील दी कि एक साल का प्रतिबंध और चार महीने की कैद की सजा कानूनन अनुचित फैसला था। सन् 1960 में किंग जब जॉर्जिया जेल में थे तब उनकी पत्नी फोरेटा किंग चौथी बार गर्भवती थीं। फोरेटा किंग को सीनेटर जॉन एफ. केनेडी ने फोन किया, जो डेमोक्रेट उम्मीदवार के रूप में राष्ट्रपति पद के लिए चुनाव लड़ रहे थे।

फोरेटा किंग ने पत्रकारों को बताया कि केनेडी ने फोन पर उन्हें बताया कि वे किंग दंपती के लिए चिंतित थे। वे कह रहे थे कि "उन्हें हमारा खयाल है और वे हमारी मदद करने की हर संभव कोशिश करेंगे।" अगले ही दिन किंग को रिहा कर दिया गया और केनेडी को हजारों अश्वेतों का वोट मिला, जिसकी वजह से उन्हें अमेरिका का 35वाँ राष्ट्रपति बनने में मदद मिली।

जहाँ दूसरे नागरिक अधिकार के नेता मतदाता पंजीयन और शिक्षा संबंधी दीर्घकालीन योजनाओं पर कार्य कर रहे थे, किंग अपने संगठन के साथ अल्प अवधि के लक्ष्यों का निर्धारण कर रहे थे–किसी भी रेस्टोरेंट में अश्वेतों के लिए भोजन का अधिकार, पुलिस विभाग और अग्नि-शमन विभाग में अश्वेतों की बहाली, किसी भी डिपार्टमेंटल स्टोर में अश्वेत महिलाओं द्वारा कपड़ों की खरीदारी का अधिकार आदि।

कामयाबी के साथ-साथ नई-नई समस्याएँ भी पैदा हो रही थीं। अश्वेत समुदाय इस बात पर सहमत था कि रंगभेद मिटाने के लिए अहिंसक प्रतिरोध जरूरी था। लेकिन लड़ाई के तरीकों को लेकर अश्वेतों का एक वर्ग किंग के विचारों से सहमत नहीं था। उस वर्ग का मानना था कि हक हासिल करने के लिए हिंसा का सहारा लेना जरूरी हो गया था। किंग सावधानी और धैर्य के साथ भविष्य की रणनीति तैयार कर रहे थे। वे जानते थे कि अहिंसक प्रतिरोध का जवाब हिंसा से दिया जाएगा और इस बात को लेकर वे चिंतित भी थे। अलबामा के एक समुदाय के नेता ने उन्हें पत्र लिखकर पूछा कि क्या उन्हें सिट इन कार्यक्रम में भाग लेना चाहिए। किंग ने उन्हें मना कर दिया। उन्होंने ऐसा करते हुए जो तर्क दिया, उससे उनके नेतृत्व की क्षमता और जवाबदेही का अंदाजा लगाया जा सकता है। उस स्थान पर अश्वेतों की तादाद श्वेतों से ज्यादा थी। किंग यह भी जानते थे कि उस स्थान पर अश्वेतों को अहिंसक प्रतिरोध के बारे में अधिक जानकारी नहीं थी और किसी भी तरह की उत्तेजना के चलते जातीय दंगा फैलने की आशंका थी। सिट इन कार्यक्रम की जगह किंग ने वहाँ अश्वेतों के लिए अहिंसा अध्ययन समूह बनाने का सुझाव दिया। इस कार्य में मदद करने के लिए उन्होंने एस.सी.एल.सी. के एक कार्यकर्ता को भेज दिया।

अहिंसक प्रतिरोध के अनुभव से अश्वेत छात्रों का मनोबल मजबूत होता गया; मगर इसके चलते हताशा और बेसब्री का भाव भी पैदा होने लगा। सन् 1960 में किंग के साथ जिन छात्रों को गिरफ्तार किया गया, उनमें से ज्यादातर नवगठित संगठन स्टूडेंट नॉन-वायलेंट कॉर्डिनेटिंग कमेटी के सदस्य थे। सन्

1962 तक इस संगठन में किसी भी सदस्य की हैसियत इस बात से आँकी जाती थी कि उसे कितनी बार गिरफ्तार किया गया था। छात्रों का एक वर्ग किंग के प्रति असंतुष्ट होता जा रहा था। इस वर्ग का कहना था कि किंग केवल भाषण देने में ज्यादा दिलचस्पी ले रहे थे और ठोस कार्रवाई करने से बच रहे थे। मई 1961 में किंग जब मिसीसिपी में एक 'फ्रीडम राइड' को सफल नहीं बना पाए तो युवाओं का एक वर्ग उनकी आलोचना करने लगा।

उस दौरान ऐसा लगने लगा था मानो अहिंसा के सिद्धांत पर चलनेवाले नेताओं के पैरों के नीचे की जमीन खिसकती जा रही थी। किंग परेशान थे, मगर वे हताश नहीं हुए थे। उन्हें पूरा विश्वास था कि अंतिम विजय अहिंसा की ही होने वाली थी। वे मानते थे कि अन्याय के खिलाफ संघर्ष में ईश्वर सदैव उनके साथ था। वे लगातार यही मानते थे कि वे ईश्वर की मरजी के अनुसार एक निश्चित लक्ष्य को हासिल करने के लिए संघर्ष कर रहे थे। उन्हें विश्वास था कि ईश्वर कभी भी उनका साथ नहीं छोड़ने वाला था।

सन् 1961 में एस.सी.एल.सी. नागरिक अधिकार आंदोलन का अहम संगठन बन चुका था। हालाँकि अभी तक उसे किसी संघर्ष को ठोस पहचान या मुकाम तक पहुँचाने में सफलता नहीं मिल पाई थी। किंग और उनके सहयोगियों का मानना था कि जॉर्जिया के अलबानी में संगठन की क्षमता को साबित करने का मौका मिला थ। दिसंबर 1961 में एक 'फ्रीडम राइड' के जरिए अलबानी का आंदोलन शुरू कर दिया।

अलबानी में प्रदर्शन के जरिए फ्रीडम आंदोलन का नया चरण शुरू हुआ। किंग चाहते थे कि रंगभेद को समाप्त करने के लिए अलबानी के अश्वेत नागरिक अपने समस्त संसाधनों का इस्तेमाल करें। किंग अश्वेतों के लिए सभी क्षेत्रों में समान अधिकार की माँग कर रहे थे। वे चाहते थे कि सार्वजनिक स्थलों पर हर तरह का भेदभाव समाप्त हो और अश्वेत समुदाय को मर्यादा के साथ-साथ जीने का अधिकार मिले।

किंग चाहते थे कि हजारों अश्वेत नागरिक एकजुट होकर भेदभाव पर आधारित व्यवस्था के खिलाफ आंदोलन शुरू कर दें। अलबानी के अश्वेतों को जागरूक और एकजुट बनाने के लिए जनसभाओं और अहिंसा प्रशिक्षण कार्यशालाओं का आयोजन किया गया। उसके बाद सिटी हॉल इलाके में कई रैलियाँ निकाली गईं। पुस्तकालयों में सिट-इन कार्यक्रम आयोजित किए गए और शहर के विभिन्न इलाकों में जनसभाओं का आयोजन किया गया। अलबानी में जारी आंदोलन के

दौरान किंग और उनके कई साथियों को गिरफ्तार कर जेल भेज दिया गया।

सन् 1961 में 'फ्रीडम राइड' की नाकामी के चलते किंग से युवाओं का एक तबका नाराज था। जब वे अलबानी में गिरफ्तार हुए तो वह वर्ग उनसे और भी खफा हो गया, क्योंकि गिरफ्तारी के वक्त किंग ने कहा था कि वे अनिश्चित काल के लिए जेल में बंद रहने के लिए तैयार थे; लेकिन दो दिन बाद ही शपथ-पत्र पर हस्ताक्षर कर वे जेल से रिहा हो गए थे। क्षुब्ध युवाओं ने उनकी आलोचना करते हुए कहा कि उनकी कथनी और करनी में अंतर था।

अलबानी का आंदोलन तेज होता जा रहा था। अपने धार्मिक सिद्धांतों को ध्यान में रखते हुए अलबानी में रंगभेद-विरोधी एक प्रार्थना सभा में भाग लेने के लिए किंग ने पूरे अमेरिका से विभिन्न धर्मों के 75 गुरुओं को आमंत्रित किया था।

एक दिन अलबानी के पाइन स्ट्रीट में कारों का एक काफिला आकर रुका। मैनहट्टन के ग्रेस मेथोडिस्ट चर्च के पादरी रेवरेंड रॉल्फ लॉर्ड राय कार से उतरे। उनके साथ उनके अनुयायियों का दल था। वे सिटी हॉल के सामने कतार में खड़े हो गए। अलबानी के पुलिस प्रमुख लॉरी प्रीटचेट ने तुरंत वहाँ पहुँचकर पूछा, "रेवरेंड, मैं आपका मकसद जानना चाहता हूँ।" पादरी ने जवाब दिया, "हम लोग ईश्वर से प्रार्थना करना चाहते हैं।"

पुलिस प्रमुख ने कहा, "आप लोग कानून का उल्लंघन करनेवालों की सहायता करने के लिए आए हैं। अपने घर लौट जाएँ। अपने शहर को पाप और हिंसा से मुक्त करें। फौरन इस जगह को खाली कर दें।" उसी समय येल यूनिवर्सिटी के हिलेज फाउंडेशन के कार्यकर्ता रेवी रिचर्ड इज़रायल ने 'ओल्ड टेस्टामेंट' का पाठ शुरू कर दिया। पुलिस प्रमुख ने फिर उन लोगों से वापस लौट जाने के लिए कहा। मगर पादरी वहाँ से हटने वाले नहीं थे। अचानक पुलिस प्रमुख ने अपने मातहतों को आदेश दिया, "इन लोगों को जेल में डाल दो।" श्वेतों की भीड़ ने यह दृश्य देखकर जोशीले नारे लगाए।

प्रदर्शनकारियों को शांतिपूर्ण तरीके से गिरफ्तार कर जेल ले जाया गया। टी.वी. के कैमरे से वह दृश्य देश भर के लोगों ने देखा। दूसरे शहरों की तरह अलबानी की पुलिस ने नागरिक अधिकार कार्यकर्ताओं के साथ हिंसक बरताव नहीं किया था। जो कार्यकर्ता आगे बढ़ने से इनकार कर रहे थे, उन्हें स्ट्रेचर पर बिठाकर ले जाया गया। पुलिस प्रमुख ने जानबूझकर अहिंसक तरीके को आजमाने की रणनीति बनाई थी।

75 कार्यकर्ताओं को गैर-कानूनी हरकत और अशांति पैदा करने के आरोप में अलबानी इलाके की चार जेलों में बंद कर रखा गया। हफ्ते भर बाद 19 कार्यकर्ताओं को रिहा कर दिया गया। आंदोलन की रफ्तार धीमी हो रही थी।

लेकिन अलबानी के अनुभव से किंग ने एक सबक सीखा। उन्होंने कहा, "हमने आर्थिक शक्ति के ढाँचे पर हमला करने की जगह राजनीतिक शक्ति के ढाँचे पर हमला किया था।" अलबानी में आंशिक असफलता की एक वजह से वे मानते थे कि वह शहर कोई औद्योगिक केंद्र नहीं था। औद्योगिक केंद्र में उत्पादों का बहिष्कार किया जा सकता था और इस तरह श्वेतों की शक्ति संरचना को नुकसान पहुँचाया जा सकता था। वैसी स्थिति में श्वेतों की तरफ से लचीलेपन का रुख अपनाया जा सकता था। यह भी कहा जाता है कि अलबानी के आंदोलन की किंग ने पूरी तैयारी नहीं की थी। इस स्थान का चयन उन्होंने अपनी मरजी से नहीं किया था और उनके कुछ मातहतों पर उनका पूर्ण नियंत्रण नहीं था।

जेम्स रसेल लावेल के एक गीत की पंक्ति है–'नए अवसर नए दायित्वों की शिक्षा देते हैं।' सिट-इन आंदोलन ने ऐसा ही अवसर मुहैया करवाया था और किंग आंदोलन के मुखर प्रवक्ता के रूप में आगे आए थे। अपने सहयोगियों की मदद से उन्होंने ठोस पहल की थी। नासविले, टेनिसी, टालहासे, फ्लोरिडा और मोंटगोमरी में स्थित एस.सी.एल.सी. की शाखाओं ने नागरिक अधिकार आंदोलन को आगे बढ़ाने में महत्त्वपूर्ण भूमिका निभाई थी। देश का दक्षिणी हिस्सा उबलने लगा था।

इस दौरान किंग अहिंसक प्रतिरोध आंदोलन के लिए युवाओं का समर्थन जुटाने की कोशिश करते रहे थे। वे जानते थे कि अगर आंदोलनकारी संगठित नहीं रहेंगे तो उनकी ऊर्जा बेकार ही नष्ट हो जाएगी। उन्होंने अपनी सहयोगी एला बेकर के साथ सिट-इन आंदोलन के युवा नेताओं का एक सम्मेलन आयोजित करने का फैसला किया। नॉर्थ केरोलिना के राले में स्थित शॉ विश्वविद्यालय में यह सम्मेलन आयोजित हुआ। 15 अप्रैल से 17 अप्रैल, 1960 तक आयोजित इस सम्मेलन में बीज भाषण देते हुए किंग ने तीन बिंदुओं की चर्चा की–(1) आंदोलन की निरंतरता बनाए रखना, (2) खरीदारी को लेकर राष्ट्रव्यापी अभियान और (3) ऐसे स्वयंसेवक तैयार करना, जो जमानत पर छूटने की जगह स्वेच्छा से जेल जाने के लिए तैयार रहें। उन्होंने कहा कि छात्र नेताओं को अहिंसा के सिद्धांत को जीवन में उतारना चाहिए। उन्होंने कहा कि

इस सिद्धांत को जीवन में अपनाए बिना अहिंसक प्रतिरोध का इस्तेमाल हथियार के रूप में कर पाना मुमकिन नहीं होगा।

सम्मेलन में किंग और उनके सहयोगी जेम्स एम. लॉसन के बीच वैचारिक मतभेद भी आया। लॉसन किंग की तुलना में अहिंसा को अधिक कारगर राजनीतिक हथियार बनाने पर जोर दे रहे थे। किंग नैतिक पहलुओं पर अधिक जोर दे रहे थे और रंगभेद के समर्थकों के हृदय परिवर्तन की बात कर रहे थे। वहीं लॉसन राजनीतिक तंत्र को चुनौती देने की बात कर रहे थे और छात्र नेता उनकी बात से सहमत नजर आ रहे थे।

इसी सम्मेलन में स्टूडेंट नॉन-वायलेंट कॉर्डिनेशन कमेटी का गठन किया गया। कमेटी के सिद्धांतों पर लॉसन का गहरा प्रभाव नजर आ रहा था। उत्तर का नागरिक अधिकार संगठन 'कोर' (CORE) भी किंग की विचारधारा के प्रति असहमति जता रहा था। मुसीबत जब आती है, चारों तरफ से आती है। किंग के खिलाफ कई मनगढ़ंत आरोप लगाए गए। उन्हें सन् 1956 और 1958 के आय कर रिटर्न में गलत तथ्य देने के आरोप में गिरफ्तार कर लिया गया। हालाँकि 2,000 डॉलर का बॉण्ड का भरने के बाद उन्हें रिहा कर दिया गया। लेकिन किंग अपनी ईमानदारी पर सवाल किए जाने की वजह से अत्यंत आहत हुए। इस तरह अलबामा की सरकार किंग से बदला चुका रही थी, क्योंकि वे नागरिक अधिकार आंदोलन के रास्ते से हटने के लिए तैयार नहीं थे। किंग संवेदनशील इनसान थे। झूठे आरोप की वजह से उन्हें तकलीफ पहुँची थी। उनका जीवन सत्य एवं अहिंसा के सिद्धांत पर आधारित था और सरकार ने उनकी ईमानदारी पर प्रहार कर दिया था।

किंग के वकील ने अदालत को बताया कि किंग की आय में सरकार की तरफ से गलत तथ्यों को जोड़ दिया गया था। आंदोलन के दौरान परिवहन, होटल एवं अन्य मद में खर्च की गई राशि को सरकार ने उनकी निजी आय की श्रेणी में जोड़ दिया था। अदालत में किंग के वकील ने जब मुख्य सरकारी गवाह से सवाल पूछे तो उसने बताया कि किंग के आयकर रिटर्न में उसे कोई अनियमितता दिखाई नहीं दी थी। 12 सदस्यीय जूरी ने किंग को 'बेगुनाह' घोषित कर दिया।

नागरिक अधिकार संघर्ष का नया आयाम सन् 1961-62 में 'फ्रीडम राइड' के रूप में सामने आया। कमेटी ऑन रेसियल इक्वेलिटी (CORE) की तरफ से इस तरह की यात्राओं का आयोजन किया गया था। इस अभियान का

मकसद था यह साबित कर दिखाना कि रंगभेद-निवारण संबंधी अंतरराज्यीय परिवहन कमेटी और न्यायालय के निर्देशों का किस तरह धड़ल्ले से उल्लंघन किया जा रहा था और अंतरराज्यीय परिवहन के मामले में रंगभेद की नीति किस तरह पहले की तरह लागू थी। 4 मई, 1961 को श्वेत व अश्वेत कार्यकर्ता वॉशिंगटन से बस में सवार होकर दक्षिण की तरफ रवाना हुए। एक हद तक उनकी यात्रा शांतिपूर्ण रही थी; लेकिन अलबामा के एनीस्टन के पास रंगभेद समर्थकों ने उनकी बस पर बम से हमला किया और बस को जला दिया। उसी दिन अलबामा के बर्मिंघम में भी 'फ्रीडम राइड' के कार्यकर्ताओं पर हमला किया गया। कार्यकर्ताओं के लिए बस यात्रा जारी रख पाना असंभव हो गया था। वे विमान में सवार होकर न्यू ओर्लिएंस पहुँच गए थे। इसके बावजूद नए कार्यकर्ताओं ने साहसपूर्वक अपने-अपने स्तर पर फ्रीडम राइड अभियान को जारी रखा। मोंटगोमरी में कार्यकर्ताओं पर हमला किया गया। एटॉर्नी जनरल रॉबर्ट केनेडी ने मोंटगोमरी में हालात सँभालने के लिए 400 मार्शलों को भेज दिया। किंग मोंटगोमरी पहुँचे और फर्स्ट बैपटिस्ट चर्च में एक जनसभा को संबोधित किया। उन्होंने कहा कि हिंसा के लिए अलबामा का गवर्नर दोषी था। किंग ने कहा, "हम सुनते आए हैं कि नैतिकता अपनाने के लिए किसी को मजबूर नहीं किया जा सकता। यह बात सच हो सकती है; मगर आचरण के लिए किसी भी व्यक्ति को जिम्मेवार ठहराया जा सकता है। कानून भले ही किसी आदमी को मुझसे प्यार करना नहीं सिखा सकता, मगर वह उसे मेरी हत्या करने से तो रोक ही सकता है।"

जब जॉन एफ. केनेडी ने राष्ट्रपति पद सँभाला तब किंग ने उनसे सार्वजनिक स्थलों पर रंगभेद को प्रतिबंधित करने का अध्यादेश जारी करने और इस मामले की देखरेख के लिए एक मंत्री नियुक्त करने का अनुरोध किया। इसके अलावा अमेरिका से निर्धनता-उन्मूलन के लिए एक कारगर योजना बनाने का भी उन्होंने अनुरोध किया।

केनेडी शासन का जब एक साल पूरा हो गया तब किंग अमेरिका के अश्वेतों के हितों को नजरअंदाज करने की वजह से राष्ट्रपति की आलोचना करने लगे। उन्होंने कहा कि नई सरकार की तरफ से परिवर्तन की जो भी कोशिश की गई थी, उसमें गंभीरता का अभाव था। उन्होंने कहा कि प्रशासन नागरिक अधिकारों की बहाली की दिशा में धीमी गति से कदम बढ़ा रहा था। उनका मानना था कि लंबे समय से जारी दुर्व्यवहार और शोषण को मिटाने के

लिए तेजी से ठोस उपाय करने की जरूरत थी। समय गुजरता जा रहा था।

सन् 1963 में अश्वेत तथाकथित 'स्वतंत्रता' का शताब्दी वर्ष मना रहे थे। इस वर्ष में अश्वेतों के बीच अपने अधिकारों को लेकर वैसी ही चेतना पैदा हुई जैसी चेतना वर्ष 1863 में पैदा हुई थी। अश्वेत समझ रहे थे कि स्वतंत्रता का शताब्दी वर्ष उनके लिए तभी सार्थक हो सकता है जब वे इसे उत्सव के रूप में न मनाकर अमेरिकी समाज में बराबरी का हक हासिल करने और सच्ची स्वतंत्रता प्राप्त करने के लिए करें। वे चाहते थे कि संविधान की प्रस्तावना अधिकारों का विधेयक, तेरहवें, चौदहवें और पंद्रहवे संशोधन और संविधान में जिस तरह की समानता का आश्वासन दिया गया था, उसे हासिल करने के लिए मुहिम शुरू करने की जरूरत थी। बहिष्कार और जुलूस जैसे विरोध कार्यक्रमों के जरिए इस ऐतिहासिक आंदोलन की शुरुआत हो चुकी थी।

जिस तरह आधे-अधूरे अंदाज में स्कूलों से रंगभेद को हटाने की कोशिश हो रही थी, उससे अश्वेत जनता संतुष्ट नहीं थी। सुप्रीम कोर्ट ने जहाँ 'जल्द से जल्द' रंगभेद समाप्त करने का आदेश दिया था, वहीं सरकार मंथर गति से इस आदेश का पालन करने की कोशिश कर रही थी। कई स्थानों पर अदालत के आदेश का मजाक उड़ाया जा रहा था और न्याय के नाम पर समानता का प्रहसन किया जा रहा था।

जिस तरह बेमन से स्कूल में रंगभेद को मिटाने की कोशिश की जा रही थी, उससे तो यही लगता था कि इस प्रक्रिया को पूर्ण करने में 100 वर्ष से अधिक का समय लग सकता था। इसी दौरान सुप्रीम कोर्ट ने नरमी बरतते हुए एक ऐसे कानून को मंजूरी दे दी थी, जिसके आधार पर राज्य सरकारें स्कूलों में रंगभेद के मुद्दे पर निर्णय ले सकती थीं। दूसरे शब्दों में, इस कानून के जरिए रंगभेद को बनाए रखना आसान हो गया था।

देश की दोनों राजनीतिक पार्टियाँ अश्वेतों के नागरिक अधिकारों की सुरक्षा सुनिश्चित करने के वादे पूरे नहीं कर पाई थीं। इस तरह अश्वेत नागरिक क्षुब्ध होते जा रहे थे। चुनाव प्रचार के दौरान केनेडी ने आवास के क्षेत्र में भेदभाव समाप्त करने का वादा किया था। राष्ट्रपति बनने के बाद केनेडी ने इस आशय के एक आदेश पर हस्ताक्षर भी किया था। मगर उस आदेश के बावजूद आवास क्षेत्र में भेदभाव समाप्त नहीं हो पाया था, क्योंकि प्रशासन ने समस्या की जड़ की तरफ ध्यान नहीं दिया था। बैंक एवं अन्य वित्तीय संस्थानों की तरफ से अश्वेतों के साथ जिस तरह का भेदभाव किया जा रहा था, उसे

समाप्त करने के लिए कोई कदम नहीं उठाया गया था। अश्वेतों को कुछ सरकारी नौकरियाँ दी जा रही थीं; मगर अश्वेत आबादी महसूस कर रही थी कि सरकार वास्तविक समस्या को हल किए बिना तात्कालिक राहत देने की नीति अपना रही थी।

सरकार चाहती थी कि अश्वेत आबादी अपने मताधिकार के मसले पर मुकदमेबाजी में उलझी रहे। मगर अब अश्वेतों के संघर्ष को दायरे में बंद कर रखना संभव नहीं रह गया था। अश्वेत जानते थे कि उन्हें कितने अधिकारों से वंचित रखा गया था। वे और ज्यादा इंतजार करना नहीं चाहते थे। वे अपने हक के लिए जंग लड़ना चाहते थे।

इस संदर्भ में अंतरराज्यीय परिस्थितियों का दबाव भी बढ़ता जा रहा था। अमेरिका विश्व के दूसरे देशों की स्वतंत्रता के पक्ष में आवाज बुलंद कर रहा था, जबकि अमेरिका के भीतर ही 2 करोड़ से ज्यादा लोग स्वतंत्रता के लिए आंदोलन कर रहे थे। सरकार नए-नए कानून बनाकर अश्वेतों के गुस्से को शांत करने की चाल चल रही थी। अश्वेत आबादी समझ चुकी थी कि नागरिक अधिकार आंदोलन के जरिए ही वह संपूर्ण विश्व का ध्यान अपनी तरफ आकर्षित कर सकती थी।

किंग के सामने नेतृत्व की जटिल चुनौतियाँ थीं। उन्हें नैतिक और व्यावहारिक स्तर पर तय करना था कि कब कार्यवाही करनी चाहिए और कब नहीं करनी चाहिए। उन्हें आंदोलन को काबू में भी रखना था। उन्हें आंदोलन की शक्ति का इस्तेमाल रचनात्मक नतीजे हासिल करने के लिए करना था।

सन् 1960 के मध्य से नागरिक अधिकार आंदोलन तेज हो गया था और अश्वेत जनता जागरूक हो उठी थी। उस समय किंग की जवाबदेही काफी बढ़ गई थी। इस अवधि में किंग की अगुवाई ने नागरिक अधिकार आंदोलन को कई मोरचे पर अभूतपूर्व सफलता हासिल हुई थी।

यह सही था कि अलबानी में आंशिक असफलता से सबक लेते हुए किंग ने रंगभेद के खिलाफ बड़े पैमाने पर हल्ला बोलने की रणनीति तैयार कर ली थी। उनका लक्ष्य अलबामा का बर्मिंघम शहर था, जो रंगभेद के लिए जाना जाता था। काफी सोच-समझकर आंदोलन की रूपरेखा तैयार की गई थी। किंग के सहयोगी व्याट टी. वॉकर ने कहा, "हमें चुनौती का सामना करना था। नरम रवैया अपनाते हुए श्वेतों की मदद हासिल करने की उम्मीद व्यर्थ थी। वे किसी भी स्थिति में झुकने वाले नहीं थे।"

अश्वेतों ने अपने हक के लिए आंदोलन शुरू किया। यह आंदोलन बिखरा हुआ नहीं था। इसके लिए सोच-समझकर तैयारी की गई थी। बर्मिंघम पहुँचकर किंग ने अहिंसक प्रतिरोध के उपायों की कार्यशाला का संचालन किया था। उन्होंने ऐसे 200 व्यक्तियों को प्रशिक्षण दिया, जो जेल जाने के लिए तैयार थे। किंग ने अश्वेत नेताओं के साथ 10 सभाओं का आयोजन कर आंदोलन की योजना तैयार की।

अप्रैल 1964 में विरोध कार्यक्रम शुरू हो गया। अश्वेत स्त्री, पुरुष, बच्चे विरोध प्रदर्शन में शामिल होकर गिरफ्तारियाँ देने लगे। सहर्ष गिरफ्तारी दे रहे हजारों लोगों को देखकर पुलिसवाले भी सहमकर रह जाते थे।

श्वेतों का एक वर्ग जहाँ किंग के नेतृत्व को मंजूरी दे चुका था, वहीं दूसरा वर्ग उनकी आलोचना करता था। 8 श्वेत पादरियों ने विरोध प्रदर्शन को अनुचित ठहराते हुए किंग की निंदा की थी। इस निंदा का जवाब देते हुए किंग ने कहा था, "उन लोगों के लिए यह सब कहना आसान है, जिन लोगों ने जीवन में कभी भी रंगभेद की पीड़ा को महसूस नहीं किया है। लेकिन जब आप देख चुके हैं कि किस तरह क्रुद्ध भीड़ किसी के भाई या किसी की बहन की पीट-पीटकर हत्या कर देती है, जब आप पुलिसवालों की गालियाँ सुन चुके हैं, लात-घूँसे बरदाश्त कर चुके हैं, हर तरह की नृशंसता का सामना कर चुके हैं, जब आप अपनी छह साल की बेटी के उस सवाल का जवाब नहीं दे पाते कि वह पार्क में खेलने के लिए क्यों नहीं जा सकती और जब उसे पता चलता है कि अश्वेत बच्चों के लिए पार्क में प्रवेश वर्जित है, तो उसके आँसू को बहते हुए आप देखते हैं। आप अपने बच्चों के मन में पनपती हुई हीन ग्रंथि को महसूस करते हैं। जब आप सार्वजनिक स्थलों और अश्वेतों के बीच विभाजन को देखते हैं, जब आप अपनी पहचान बचाने के लिए जी-जान से कोशिश कर रहे होते हैं, तब आप समझ सकते हैं कि हम विरोध की आवाज क्यों बुलंद करना चाहते हैं" उन पादरियों ने जब किंग की बातें सुनीं तो उन्हें अपनी कही बातों पर शर्म महसूस होने लगी। उन्होंने फिर कभी किंग की आलोचना नहीं की।

7 मई को अश्वेत नागरिक चर्च से बाहर सड़कों पर निकल आए। वे पुलिसकर्मियों की परवाह किए बगैर शहर के अभिजात इलाकों की तरफ बढ़ने लगे। पुलिस ने भीड़ पर जुल्म ढाना शुरू कर दिया। किंग समेत 3,300 अश्वेत नागरिकों को गिरफ्तार कर लिया गया। पुलिस के अत्याचार की तसवीरों ने

दुनिया भर का ध्यान आकर्षित किया। राष्ट्रीय स्तर पर लोगों की चेतना पुलिस की क्रूरता की वजह से जाग उठी। देश के हर हिस्से में अश्वेत नागरिक अपने आपको असुरक्षित महसूस कर रहे थे। सिट-इन आंदोलन और विरोध प्रदर्शन का सिलसिला तेज होता गया। अश्वेत रोजगार के बेहतर अवसर और स्कूलों में रंगभेद का खात्मा करने की माँग कर रहे थे। एन.ए.ए.सी.पी. के नेता राय विलकिंस ठंडे मिजाज के विनम्र व्यक्ति थे। मगर वे भी पुलिस की ज्यादती को देखकर भावुक हो उठे। उन्होंने कहा, "मेरी तटस्थता उस समय खत्म हो गई, जब मैंने पुलिसकर्मियों की वैसी तसवीरें देखीं, जिनमें वे महिलाओं की पीठ पर चढ़कर उनका गला दबाने की कोशिश कर रहे थे।" विलकिंस भी विरोध प्रदर्शन में शामिल हो गए और उन्होंने अपनी गिरफ्तारी दी। अन्य नरमपंथी अश्वेत नेता भी विरोध प्रदर्शन में बढ़-चढ़कर भाग लेने लगे।

कई श्वेत कार्यकर्ता भी इस आंदोलन का समर्थन करने लगे। ऐसे लोगों में पादरी एवं धर्मगुरु भी शामिल थे, जो अश्वेतों के साथ कंधे से कंधा मिलाकर गिरफ्तारियाँ दे रहे थे। देश ने ऐसा दृश्य पहले कभी नहीं देखा था। चर्च की तरफ से न्याय की इस जंग में समर्थन की घोषणा होने लगी थी। अमेरिका के यूनाइटेड प्रेसबिटेरियन चर्च के प्रमुख डॉ. यूगीन कारसन ब्लैक ने कहा, "हमें अपना पक्ष कभी-न-कभी स्पष्ट करना ही होगा कि हम किसके साथ हैं और हमने वंचितों का साथ देने का फैसला किया है।" इसके बाद ब्लैक दो दर्जन पादरियों के साथ जुलूस में शामिल हुए। उन्हें गिरफ्तार कर लिया गया।

बर्मिंघम में अश्वेतों ने जो हक के लिए आंदोलन शुरू किया था, वह 800 नगरों में फैलता चला गया। अहिंसक प्रतिरोध का प्रभाव सार्वजनिक जीवन पर नजर आने लगा था। मीडिया के जरिए देश-विदेश की जनता इस आंदोलन की जानकारी उत्सुकता के साथ प्राप्त कर रही थी। इस सिलसिले में टेलीविजन की भूमिका उल्लेखनीय रही थी।

जन-प्रतिरोध के चरम पर पहुँचकर अश्वेत नेताओं ने 'मार्च ऑन वॉशिंगटन' का आयोजन किया। इस बात में कोई संदेश नहीं कि इस मार्च के प्रभाव के चलते नागरिक अधिकार कानून वजूद में आया। यह मार्च एक ऐतिहासिक क्षण था। तकरीबन 2 लाख नागरिक वॉशिंगटन मान्यूमेंट से लिंकन मेमोरियल तक जुलूस निकालकर पहुँचे थे। वहाँ पहुँचकर नागरिक अधिकार आंदोलन के नेता राय विलकिंस, ए. फिलीप रेंडॉल्फ, ह्विटनी यंग और जॉन लेवीस से भाषण दिया। मगर इस अवसर पर दिया गया किंग का भाषण सबसे

अधिक प्रभावशाली और यादगार भाषण था। जिसने भी उस भाषण को सामने मौजूद रहकर या टी.वी. के परदे पर देखा-सुना, वह मुग्ध हो गया। किंग के जीवन का यह सर्वाधिक मशहूर भाषण था। इस भाषण में जज्बात के साथ तथ्यों का अद्‌भुत मिश्रण किया गया था।

गृहयुद्ध के समापन के बाद के वर्षों में अश्वेतों को कभी उतनी सफलता नहीं मिली थी जितनी सफलता सन् 1963 में मिली। दक्षिण के स्कूलों में रंगभेद उन्मूलन का अभियान तेजी से चलाया गया। देश के उत्तरी हिस्सों में भी हालात की समीक्षा की गई और शिकायतों को दूर करने का प्रयास किया गया। देश के हर क्षेत्र में अश्वेतों के लिए रोजगार के अवसर खोले गए। शिक्षित अश्वेतों को रोजगार दिया गया। अशिक्षित अश्वेतों के लिए प्रशिक्षण कार्यक्रम का इंतजाम किया गया। बैंकों, सुपर मार्केटों, होटलों और डिपार्टमेंटल स्टोरों में अश्वेत कर्मचारियों की संख्या बढ़ाई गई। देश के दक्षिणी हिस्से में भी रोजगार के मामले में सुधार नजर आने लगा। नॉर्थ केरोलिना राज्य सरकार में अश्वेतों की अहम उपस्थिति दिखाई देने लगी। नासविले के तीन बैंकों ने अश्वेतों को क्लर्क श्रेणी की नौकरी देने की पेशकश की। साउथ केरोलिना में भी अश्वेतों को नौकरियाँ मिलने लगीं।

अश्वेतों के दृष्टिकोण में भी व्यापक परिवर्तन दिखाई देने लगा था। रंगभेद की बेड़ियों में जकड़े हुए लोगों को लंबे समय से अलग-थलग रखा गया था। अब वे खुलकर सामने आ रहे थे। उनकी मौजूदगी रेस्टोरेंटों, शिक्षा परिषदों, नगर आयोगों, नगर समितियों, थिएटर, सामाजिक गतिविधियों और नौकरियों में बढ़ती जा रही थी। एन.ए.ए.सी.पी. की मिसीसिपी शाखा के अध्यक्ष एरोन हेनरी ने कहा, "हमारी दासता की मानसिकता में बदलाव आया है, जो पहले समझती थी कि घर के मुख्य कक्ष में बैठने की माँग करने की जगह पिछवाड़े में जगह मिलने से ही संतुष्ट रहना चाहिए।"

इस तरह के परिवर्तन के साथ अश्वेतों की सोच में भी महत्त्वपूर्ण बदलाव आ रहा था और वे अपनी पहचान को लेकर शर्मिंदा होने की जगह गर्व महसूस करने लगे थे। पहले अश्वेत अपनी अफ्रीकी जड़ों को जानबूझकर नजरअंदाज करते थे और महाद्वीप के अश्वेतों की तरफ हीन नजरों से देखते थे। अब वे लोग अफ्रीका को सम्मान भरी नजरों से देखने लगे थे। अश्वेतों का नया नारा था-'ब्लैक इज ब्यूटीफुल, ब्लैक इज स्ट्रांग'। अश्वेत महिलाएँ अब अफ्रीकी महिलाओं की तरह सजने-सँवरने लगी थीं। अश्वेत अपने घरों में

अफ्रीकी संस्कृति को प्रतिबिंबित करनेवाली कलाकृतियाँ सजाने लगे थे। लोग श्वेतों की जीवन-शैली का अनुसरण भी करने लगे थे। गोरा बनानेवाली क्रीम की बिक्री घट गई थी। पहले अश्वेत होने के हीनता-बोध से छुटकारा पाने के लिए अश्वेत लोग जिन प्रसाधन सामग्रियों का इस्तेमाल करते रहे थे, अब वैसी सामग्रियों में उनकी कोई दिलचस्पी नहीं रह गई थी। अब स्कूल में भी बच्चे नारे लगाते थे-'ब्लैक इज ब्यूटीफुल।' अश्वेतों पर श्वेतों के वर्चस्व का युग समाप्त हो रहा था और समानता का नया युग आरंभ हो रहा था।

14 अक्तूबर, 1964 को किंग अटलांटा अस्पताल में स्वास्थ्य परीक्षण करवा रहे थे और महीनों की व्यस्त गतिविधियों के बाद विश्राम कर रहे थे, तभी ओस्लो से खबर आई कि उन्हें 'नोबेल शांति पुरस्कार' देने की घोषणा की गई थी। यह खबर किंग के लिए सुखद आश्चर्य की तरह थी, जिन्होंने नागरिक अधिकारों की सुरक्षा के आंदोलन के लिए अपने जीवन को समर्पित कर दिया था।

किंग ने कहा कि यह सम्मान केवल उनका सम्मान नहीं था बल्कि अन्याय के खिलाफ अहिंसक तरीके से संघर्ष करनेवाले प्रत्येक व्यक्ति का सम्मान था। किंग के सहयोगियों और समर्थकों के लिए यह खबर उत्साह बढ़ानेवाली थी। अहिंसक प्रतिरोध के प्रति उनकी आस्था और भी मजबूत हो गई थी।

लेकिन देश के दक्षिणी हिस्से में रंगभेद समर्थक इस खबर को सुनकर क्षुब्ध रह गए। उन्हें यकीन नहीं हो रहा था कि किसी अश्वेत व्यक्ति को 'नोबेल शांति पुरस्कार' दिया जा सकता था।

ओस्लो में 'नोबेल शांति पुरस्कार' ग्रहण करते हुए किंग ने कहा कि "यह सम्मान मुझे ऐसे समय में दिया गया है, जब अमेरिका में 2 करोड़ 20 लाख अश्वेत नागरिक रंगभेद समाप्त करने की जंग लड़ रहे हैं।"

किंग ने पुरस्कार के रूप में मिली 54 हजार डॉलर की राशि नागरिक अधिकार आंदोलन के लिए दान कर दी। उनके साथ उनकी पत्नी फोरेटा किंग भी ओस्लो गई थीं।

सन् 1964 का नागरिक अधिकार कानून स्वागत योग्य था, जिसके जरिए सार्वजनिक स्थलों पर अश्वेतों के प्रवेश पर लगी रोक को खत्म कर दिया गया था, लेकिन मताधिकार के मामले में अभी भी अश्वेतों को संपूर्ण अधिकार नहीं मिल पाया था। प्रावधान रखा गया था कि कम-से-कम छठी उत्तीर्ण व्यक्ति ही

मतदान कर सकता था। महात्मा गांधी की तरह राष्ट्रीय संघर्ष में किंग किसी स्थान विशेष का इस्तेमाल लोगों का ध्यान आकर्षित करने के लिए प्रतीक के रूप में करने में विश्वास रखते थे।

यही सोचकर किंग ने सन् 1965 में अलबामा के सेलमा नगर में अश्वेत मतदाताओं का पंजीयन अभियान शुरू करने का फैसला किया। अश्वेतों के मताधिकार के पक्ष में किंग इस अभियान को प्रतीक बनाना चाहते थे। सेलमा की आबादी 29,500 थी। श्वेतों की तादाद 14,400 थी और अश्वेतों की तादाद 15,100 थी। इस शहर की मतदाता सूची में 99 फीसदी श्वेतों के नाम और 1 फीसदी अश्वेतों के नाम दर्ज थे। सेलमा का शेरिफ जेम्स क्लार्क रंगभेद का कट्टर समर्थक था और एक ऐसे समूह का नेता था, जिससे क्रू क्लूक्स क्लेन के कार्यकर्ता जुड़े हुए थे। वर्षों से क्लेन के सदस्य अश्वेतों के साथ अमानवीय अत्याचार करते रहे थे। वे रात के वक्त अश्वेतों पर हमले करते थे और उनकी वजह से दहशत का माहौल बना रहता था।

सेलमा को किंग ने जानबूझकर अपना लक्ष्य बनाया था। शहर के नागरिक अधिकार का इतिहास शोचनीय था। शहर का पुलिस प्रमुख रंगभेद समर्थक था। इसी तरह शहर का मेयर टी. स्मीथरमेन रंगभेद का कट्टर समर्थक था, जो अलबामा के रंगभेद समर्थक गवर्नर जॉर्ज वेलेस का घनिष्ठ मित्र भी था।

सेलमा पहुँचने के बाद किंग ने सैकड़ों अश्वेतों को एकजुट किया और मताधिकार सूची में उनका नाम दर्ज करवाने के लिए वे जुलूस बनाकर अदालत की तरफ बढ़े। इससे पहले जब भी अश्वेत पंजीयन करवाने जाते थे, क्लार्क उन्हें अदालत की अवमानना के आरोप में गिरफ्तार कर लेता था। कई बार अश्वेतों से जटिल फॉर्म भरने के लिए कहा जाता था और उनकी साक्षरता की जाँच के नाम पर उनके साथ दुर्व्यवहार किया जाता था। अश्वेतों को मताधिकार से वंचित रखने के लिए इस तरह के हथकंडे वर्षों से अपनाए जाते रहे थे। रंगभेद समर्थक नहीं चाहते थे कि अश्वेतों को किसी तरह का राजनीतिक अधिकार मिले। पंजीयन के लिए अश्वेत नागरिकों ने कई बार कोशिश की थी, मगर हर बार क्लार्क ने उनकी कोशिश को नाकाम कर दिया था। इस तरह अश्वेत आबादी स्वयं को वंचित और उपेक्षित महसूस कर रही थी।

अश्वेतों पर जितना जुल्म ढाया जाता था, संघर्ष करने के लिए उनका

मनोबल उतना ही मजबूत होता जा रहा था। सात हफ्ते की अवधि में क्लार्क ने किंग समेत 2,000 स्त्री, पुरुष एवं बच्चों को गिरफ्तार किया था। इसके बावजूद अश्वेत समूह बनाकर पंजीयन के लिए आते थे और गाते थे–'वी शैल ओवर कम' (हम होंगे कामयाब)। क्लार्क ने अपनी कमीज पर लिख रखा था–कभी नहीं! वह उस लिखावट की तरफ इशारा करता था, लेकिन वह अंदर से उतना मजबूत नहीं था जितना दिखावा करता था। आंदोलन के बढ़ते दबाव के बीच क्लार्क के सीने में दर्द होने लगा और उसे बिस्तर पकड़ना पड़ा। शहर में माहौल तेजी से बिगड़ता जा रहा था। शहर का व्यापार बुरी तरह अस्त-व्यस्त हो गया था। गवर्नर वेलेस ने भी हालात को सुधारने का कोई प्रयास नहीं किया। गवर्नर ने सेलमा में पुलिसकर्मियों की संख्या बढ़ाने का आदेश दिया और आंदोलनकारियों के साथ सख्ती का रवैया अपनाने के लिए कहा। वह अश्वेतों के प्रतिरोध को किसी भी कीमत पर कुचल देना चाहता था।

इसके बाद मेरियन की घटना घटी, जब 400 आंदोलनकारियों पर सुरक्षा बल के 50 जवानों ने कहर बरपाया। इस घटना में एक युवा लकड़हारे जिमी ली जैक्सन के पेट में गोली मार दी गई। आठ दिनों के बाद जैक्सन की मृत्यु हो गई। मृत्यु से पहले उसने बयान दिया कि सुरक्षा बल के एक जवान ने उसे गोली मारी थी। शहीद के खून ने आंदोलनकारियों को संघर्ष तेज करने की प्रेरणा दी।

किंग ने सेलमा से राज्य की राजधानी मोंटगोमरी तक जुलूस निकालने की घोषणा की। सेलमा से मोंटगोमरी की दूरी 50 मील थी। आंदोलनकारियों को संबोधित करते हुए किंग ने कहा, "मैं आप लोगों से इस बात का वादा नहीं कर सकता कि आपके घर पर बम नहीं फेंका जाएगा। मैं आप लोगों से इस बात का वादा नहीं कर सकता कि आपके ऊपर जुल्म नहीं ढाया जाएगा। लेकिन हमें न्याय के हक में संघर्ष करना ही होगा!"

7 मार्च, रविवार को यह जुलूस निकाला गया। आंदोलनकारियों ने गवर्नर वेलेस की निषेधाज्ञा की परवाह नहीं की। सेलमा के सिलवन स्ट्रीट पर स्थित ब्राउन चेपल चर्च में 650 अश्वेत नागरिक और कुछ श्वेत नागरिक एकत्र हुए। वहीं से जुलूस की शुरुआत हुई। वे अलबामा नदी पर निर्मित एडमंड पीटर्स ब्रिज की तरफ बढ़ते जा रहे थे।

अमेरिकी राजमार्ग 80 पर पुल के पास 60 पुलिसकर्मी तैनात थे, जिनका

नेतृत्व कर्नल एल. लिंगो कर रहा था। लिंगो जॉर्ज वेलेस का सहयोगी रह चुका था। सड़क किनारे शेरिफ क्लार्क के सुरक्षाकर्मी घोड़े पर और पैदल तैनात थे। वे किसी भी स्थिति में जुलूस को रोकना चाहते थे।

जब आंदोलनकारी 100 गज की दूरी पर थे तब एक पुलिस अधिकारी ने पुलिसकर्मियों से गैस मास्क पहनने के लिए कहा। 25 गज की दूरी पर आंदोलनकारियों से रुकने के लिए कहा गया। राज्य पुलिस का मेजर जॉन क्लाउड चिल्लाया, "अपने-अपने चर्च की तरफ लौट जाओ! तुम्हें आगे बढ़ने की इजाजत नहीं दी जाएगी! तुम्हें वापस लौटने के लिए 2 मिनट का समय दिया जाता है।" तनावपूर्ण माहौल में सन्नाटा पसर गया था। आंदोलनकारी वापस लौटने के लिए नहीं आए थे। उनका इरादा मजबूत था। वे जान न्योछावर करने के लिए तैयार थे।

2 मिनट का वक्त गुजर गया। मास्कधारी पुलिसकर्मी आदेश की प्रतीक्षा कर रहे थे। वे तनकर खड़े थे और हमले की पूरी तैयारी कर चुके थे। आंदोलनकारी दृढ़ता के साथ कदम बढ़ाते जा रहे थे। तभी मेजर क्लाउड ने आदेश दिया, "सिपाहियो आगे बढ़ो!'' पुलिसकर्मी जुलूस के सामने दीवार की तरह खड़े हो गए और आंदोलनकारियों को पीछे की तरफ धकेलने लगे। कई अश्वेत व्यक्ति धक्के की वजह से लड़खड़ाकर गिर गए। कुछ सिपाही भी धक्के की वजह से गिर पड़े।

अचानक पुलिसकर्मियों ने डंडा बरसाना शुरू कर दिया। सड़क किनारे तमाशा देख रहे श्वेत लोगों ने खुशी का इजहार करना शुरू कर दिया। वे सिपाहियों का हौसला बढ़ा रहे थे। सिपाही हिंसक होकर अश्वेतों पर कहर बरपा रहे थे। उसी समय आँसू गैस के गोले दागे गए। सड़क पर सफेद और पीले धुएँ के बादल नजर आने लगे। घुड़सवार बेरहमी के साथ अश्वेतों की पिटाई कर रहे थे। एक घुड़सवार ने एक वृद्ध महिला को धकेलते हुए कहा, "बुढ़िया, तू जुलूस निकालना चाहती थी न! अब निकाल जुलूस!" क्लार्क के लोगों की खुशी का ठिकाना नहीं था। वे सड़कों पर उछल-कूद करते हुए अपनी खुशी का इजहार कर रहे थे। वे अश्वेतों के वाहनों पर डंडे बरसाते हुए चीख रहे थे, "इस शहर को छोड़कर चले जाओ। हम इस शहर में एक भी काले व्यक्ति को देखना नहीं चाहते।" दमन की इस कार्रवाई के बाद जख्मी हालत में 78 अश्वेतों को अस्पताल में भरती करना पड़ा।

क्रूरता और नृशंसता के दृश्यों को देश व दुनिया के लोगों ने टी.वी. के

परदे पर देखा। लोगों को यकीन नहीं हो पा रहा था कि किसी अहिंसक भीड़ के साथ ऐसा हिंसक सलूक भी किया जा सकता था। समाचार-पत्रों में रंगभेद की वजह से हो रही दमन की कार्रवाई की खबरें प्रकाशित की गईं। देश भर में इस घटना की चर्चा होने लगी। अंतरराष्ट्रीय स्तर पर भी इस हिंसक कार्रवाई की भर्त्सना की गई।

इतिहास में ऐसे पल कम ही आते हैं जब किसी घटना की स्वत:स्फूर्त प्रतिक्रिया होती है और वैसा ही पल तब आया जब लोगों ने क्षोभ व ग्लानि के भाव के साथ इस घटना पर अपनी प्रतिक्रिया जाहिर की। डेट्रायट में मेयर जेहोन कावानाउ और मिसिगन के गवर्नर जॉर्ज रोमनी ने 10 हजार लोगों के साथ विरोध जुलूस निकाले। शिकागो में प्रदर्शनकारियों ने यातायात को अवरुद्ध कर दिया। टोरंटो में 2,000 लोगों ने विरोध जुलूस निकाला। इसी तरह न्यू जर्सी और वॉशिंगटन में विरोध जुलूस निकाले गए। देश के अलग-अलग हिस्सों में लोग क्षोभ व्यक्त करने के लिए सड़कों पर उतर आए। राष्ट्रपति जॉनसन ने नृशंसता की निंदा की और अश्वेतों के मताधिकार को सुनिश्चित करने के लिए कारगर कदम उठाया।

किंग ने ऐलान किया कि अपनी अंतरात्मा की आवाज को सुनते हुए राष्ट्र के विवेक को जगाने के लिए वे सेलमा से मोंटगोमरी तक जुलूस निकालने वाले थे। इस जुलूस की योजना को स्थगित रखना पड़ा। संघीय सरकार के अनुरोध पर ऐसा किया गया। चूँकि उसे आशंका थी कि जुलूस के दौरान काफी खून-खराबा हो सकता था। फिर जब इस जुलूस को निकाला गया तो उससे पहले संघीय अदालत ने अलबामा के गवर्नर को आदेश दिया कि वह किसी भी स्थिति में जुलूस को रोक नहीं सकता था। गवर्नर वेलेस ने बहाना बनाया कि सुरक्षा उपलब्ध कराने के लिए उसके पास पर्याप्त धन नहीं था। तब राष्ट्रपति जॉनसन ने सेना को भेज दिया और इस तरह जुलूस सफलतापूर्वक मोंटगोमरी पहुँच पाया।

जुलूस में दो व्यक्ति ऐसे थे, जिन्हें सुरक्षा न होने के कारण हिंसा का शिकार होना पड़ा। बोस्टन के एक श्वेत पादरी रेवरेंड जेम्स रीव सेलमा के बाहर अश्वेतों के एक रेस्टोरेंट में भोजन कर रहे थे, जब श्वेत हमलावरों ने उनकी हत्या कर दी। डेट्रायट की 39 वर्षीय श्वेत महिला वियोला लियूजो आंदोलनकारियों को सेलमा से मोंटगोमरी कार में पहुँचा रही थी। वियोला लियूजो की हत्या रंगभेद समर्थकों ने गोली मारकर कर दी।

इतनी सारी कुर्बानियों के बावजूद रंगभेद मिटाने के लिए संघर्ष कर रहे किंग और उनके समर्थकों का इरादा तनिक भी नहीं डगमगाया था। सेलमा प्रसंग में किंग ने आखिरी भाषण में कहा था, "अब कोई भी शक्ति हमारी संघर्ष को रोक नहीं सकती। उन लोगों ने हमसे कहा था कि हम यहाँ कभी नहीं पहुँचने वाले थे। ऐसे भी लोग थे जिन्होंने कहा था कि हम उनकी लाशों पर चढ़कर ही यहाँ पहुँच सकते थे। मगर आज पूरी दुनिया जान गई है कि हम यहाँ पहुँच चुके हैं।"

किंग स्कूलों को रंगभेद से मुक्त करने, गरीबी मिटाने और मताधिकार हासिल करने के लिए अधिक-से-अधिक संख्या में लोगों को आंदोलन में शामिल होने का आह्वान कर रहे थे। वे तब तक संघर्ष को जारी रखना चाहते थे जब तक राजनीतिक परिदृश्य से नस्लभेद का वजूद पूरी तरह खत्म नहीं हो जाता।

किंग श्रोताओं को जज्बात के सैलाब में बहाते हुए ले जा रहे थे, "मैं जानता हूँ कि आप लोग आज यह जानना चाहते हैं कि हमें न्याय हासिल करने में कितना वक्त लगेगा? मैं आपसे कहना चाहता हूँ, भले ही कितनी ही निराशा क्यों न हो, भले ही कितनी ही कठिनाई क्यों न हो, सत्य की जीत जरूर होगी। कितना वक्त लग सकता है? ज्यादा वक्त नहीं लगेगा, क्योंकि आप जब संघर्ष करेंगे तो उसका फल भी आपको मिलेगा।"

सन् 1960 के मध्य में नागरिक अधिकार आंदोलन के सामने देश के उत्तरी हिस्से की झोंपड़पट्टियों में रहने वाले अश्वेतों की बदहाली चुनौती के रूप में सामने आई। देश के दक्षिणी हिस्से से इन झोंपड़पट्टियों में रंगभेद का मुद्दा सीधे तौर पर अश्वेतों की आर्थिक बदहाली से जुड़ा हुआ था। उनके सामने रोजगार, आवास और शिक्षा की समस्या थी। बुनियादी सुविधाओं से वंचित ऐसे निर्धन अश्वेतों के साथ पशुवत् बरताव किया जा रहा था। उन्हें रोटी, कपड़ा और मकान के लिए टहलना पड़ रहा था। बेरोजगारी के चलते वे बेहाल होते जा रहे थे। उन्हें भूख और कुपोषण का सामना करना पड़ रहा था।

सन् 1960 के उत्तरार्द्ध में अश्वेत समुदाय की बेचैनी बढ़ती गई थी। अश्वेतों में अपने साथ हो रहे गैर-बराबरी के बरताव के चलते गुस्से का भाव बढ़ता जा रहा था। उनके बीच नए नेता उभर रहे थे। वे स्टॉकली कार्मीकल और टैप ब्राउन जैसे उग्र युवा नेता थे, जो सामाजिक सुधार की धीमी रफ्तार से संतुष्ट नहीं थे। ब्लैक पैंथर्स, रिवोल्यूशनरी एक्शन मूवमेंट जैसे उग्रवादी

संगठनों का जन्म हुआ था। कोर स्टूडेंट नॉन-वायलेंट कॉर्डिनेटिंग कमेटी जैसे पुराने संगठन भी अहिंसा से अपना नाता तोड़ रहे थे। श्वेत शक्ति की प्रतिक्रिया में 'अश्वेत शक्ति' पैदा हो रही थी। देश के विभिन्न शहरों में जातीय दंगे फैल गए थे। किंग का सपना रक्त और आग में नष्ट होता हुआ दिखाई देने लगा था। ऐसा लग रहा था मानो अहिंसा का दीपक हिंसा के जबड़े में समा गया था।

वाट्स, नेवार्क और डेट्राइट में सर्वाधिक हिंसा हुई। सन् 1964 से 1967 के बीच 58 अमेरिकी शहरों में दंगे हुए, जहाँ झोंपड़पट्टियों में रहनेवाले अश्वेतों को जलाया गया, लूटा गया और पुलिस के साथ भी दंगाइयों की मुठभेड़ हुई। इस तरह के रक्तपात के दौरान 141 व्यक्तियों की मौत हुई और 4,552 व्यक्ति घायल हो गए। लोगों के बीच कड़वाहट बढ़ती गई। देश भावनात्मक रूप से हिल गया। ऐसे हालात को देखकर देश के संवेदनशील नागरिक चिंतित हो उठे।

किंग किसी भी हालत में अहिंसा का दामन छोड़ना नहीं चाहते थे। वे इस नतीजे पर पहुँचे थे कि बदले हुए माहौल में उन्हें अधिक सावधानी और दृढ़ता के साथ कदम बढ़ाना होगा। उन्होंने अपने समर्थकों से और अधिक दृढ़ संकल्प लेने का आह्वान किया। उन्होंने कहा, "हम कठिन और कड़वे अनुभवों से सीख चुके हैं कि जब तक सरकार को सीधी चुनौती नहीं दी जाती तब तक वह नस्लवाद के मसले पर अपनी गलती सुधारने के बारे में नहीं सोचती।"

□

शिकागो का आंदोलन

मताधिकार कानून पारित होने पर किंग के मन में उम्मीद पैदा हुई कि अश्वेतों को वैधानिक और सामाजिक समानता दिलाने की दिशा में अहिंसक आंदोलन को कामयाबी जरूर मिलेगी। दूसरी तरफ, अगस्त 1965 में लॉस एंजिल्स में स्थित वॉट्स इलाके में यातायात के एक झगड़े को लेकर दंगा शुरू हो गया। अश्वेतों और जॉज एंजिल्स पुलिस के बीच शत्रुता इस कदर बढ़ गई कि 30 से ज्यादा लोगों की मौत हो गई। मृतकों में ज्यादातर अश्वेत शामिल थे। दुकानों को लूटने, भवनों और वाहनों में आग लगाने के आरोप में 3,500 से ज्यादा लोगों को गिरफ्तार किया गया। हिंसा और अराजकता को देखते हुए कानून व्यवस्था की बहाली के लिए नेशनल गार्ड्स को तैनात करना पड़ा।

इसके बाद अमेरिका के विभिन्न शहरों में स्थित झोंपड़पट्टियों में दंगे फैल गए। नागरिक अधिकार आंदोलन ने मौजूदा आर्थिक व राजनीतिक शक्ति संरचना को सीधे तौर पर चुनौती दे दी थी और यह साबित कर दिखाया कि आंदोलन के जरिए अल्पसंख्यक आम नागरिकों के जीवन में महत्त्वपूर्ण बदलाव लाया जा सकता है; लेकिन इसके साथ-साथ अश्वेतों की अपेक्षाएँ भी उसी अनुपात में बढ़ती गई थीं और वे तुरंत बदलाव के लिए दबाव डालने लगे थे। हजारों अश्वेत नागरिक जिस रंगभेद पर आधारित समाज-व्यवस्था के अंतर्गत जीवनयापन कर

शिकागो में प्रदर्शन करते मार्टिन

रहे थे। उसमें उन्हें बुनियादी सुविधाओं से वंचित होकर अपमानित तरीके से जीना पड़ता था, अब उन्हें बेहतरी की उम्मीद दिखाई देने लगी थी; लेकिन परिवर्तन की माँग का जवाब कठोरतापूर्वक दमन की भाषा में दिया जा रहा था। यही वजह थी कि अमेरिका के कई शहरों में वंचित जीवन जी रहे अश्वेतों का गुस्सा विस्फोटक स्थिति में पहुँच चुका था।

जातीय हिंसा की खबरों से किंग आहत हुए थे। उन्होंने देश के उत्तरी हिस्से के विस्तृत शहरी इलाकों में सामाजिक व नस्लगत न्याय का आंदोलन तेज करने का फैसला किया। उन्होंने कहा, "हमने अहिंसक आंदोलन के जरिए निचले तबके के लोगों के मन में उम्मीद की लौ जलाने का काम किया है। सिर्फ दक्षिण में ही नहीं, समूचे देश भर में हमने जिन उम्मीदों को जगाया, उत्तर में वैसी उम्मीदें पूरी नहीं हो पाने की वजह से लोग हिंसा करने पर उतारू हो गए हैं। इसलिए हम इस घटनाक्रम के प्रति तटस्थ नहीं बने रह सकते। हम ऐसा नहीं सोच सकते कि शिकागो में रहने की वजह से वे हमारे अपने लोग नहीं हैं।"

किंग इस बात को लेकर भी आशंकित थे कि उत्तरी शहरों में उनके आंदोलन के चलते आंदोलनकारियों, सरकारी पक्ष और जनता के बीच टकराव की नौबत आ सकती थी। इसके बावजूद उन्हें यकीन था कि बराबरी का हक और आर्थिक स्वतंत्रता हासिल करने के लिए नागरिक अधिकार आंदोलन जारी

रखना जरूरी था। किंग झोंपड़पट्टियों की बुनियादी समस्याओं की तरफ ध्यान देने लगे। वे गरीबों के मुद्दे को जोड़कर अपने आंदोलन को और अधिक व्यापक स्वरूप प्रदान करना चाहते थे। अब उनका लक्ष्य शिकागो था।

शिकागो की सामाजिक व्यवस्था को चुनौती

26 जनवरी, 1966 को किंग एस.सी.एल.सी. के सहयोगियों के साथ शिकागो के लाउनडेल इलाके में 4 कमरे के अपार्टमेंट में रहने के लिए आ गए। यह अपार्टमेंट 1,550 एस, हैमलिन एवेन्यू में तीसरी मंजिल पर स्थित था, जहाँ रहकर किंग निर्धन अश्वेतों के हक की आवाज बुलंद करना चाहते थे। किंग और नागरिक अधिकार आंदोलन के दूसरे नेताओं ने जुलूस व बहिष्कार की योजनाएँ बनाईं। वे आवास, रोजगार और स्कूलों में भेदभाव समाप्त करना चाहते थे। उनका आंदोलन इतिहास में 'शिकागो मुक्ति आंदोलन' के नाम से दर्ज होने वाला था।

किंग ने शिकागो में सत्ता तंत्र को चुनौती देने का फैसला किया। तब उनका मुकाबला अमेरिका के अहम राजनीतिक व्यक्तित्व मेयर रिचर्ड जे. डाले से होना तय हो गया था। डाले को राजनीतिक जंग जीतने का व्यापक अनुभव था। शिकागो में पला-बढ़ा डाले कई तरह के झंझावातों का सामना कर चुका था। डाले ने मेयर के रूप में जो हैसियत हासिल की थी, वह दूसरों के लिए ईर्ष्या की बात थी। उसके पास राजनीतिक कार्यकर्ताओं की फौज थी और उसकी मरजी के बगैर शिकागो में एक पत्ता भी नहीं हिल सकता था।

डाले नहीं चाहता था कि किंग की तरह कोई नागरिक अधिकार आंदोलन का नेता दक्षिण से शिकागो आए और उसे नसीहत दे कि किस तरह शहर का संचालन करना चाहिए। पहले किंग और एस.सी.एल.सी. ने जिन शहरों में आंदोलन चलाया था, उनकी तुलना में शिकागो के हालात अलग थे। अश्वेत समुदाय के पास अपने स्थानीय नेता थे। वे किंग के आगमन का विरोध कर रहे थे। वे नहीं चाहते थे कि किंग दुनिया को यह दिखलाने की कोशिश करें कि अश्वेतों को किस तरह रंगभेद के अभिशापों को झेलना पड़ रहा था।

वैसे कई अश्वेत नेताओं और धर्माधिकारी किंग का समर्थन भी कर रहे थे। रेवरेंड जे. इवांस ने फेलोशिप मिशनरी बैपटिस्ट चर्च में किंग का हार्दिक स्वागत किया था; लेकिन दूसरे नेता स्वयं को असुरक्षित महसूस कर रहे थे। उन्हें लग रहा था कि किंग के आगमन के कारण नेतृत्व की बागडोर उनके हाथ में नहीं रह जाएगी। शिकागो के दक्षिणी हिस्से में स्थित ऐतिहासिक ओलीवर

बैपटिस्ट चर्च के पेस्टर और नेशनल बैपटिस्ट चर्च के अध्यक्ष रेवरेंड जोसेफ एच. जैक्सन ने किंग के आगमन का विरोध किया। पूर्व ओलंपिक खिलाड़ी रॉल्फ मेटकाल्फे ने जैक्सन का समर्थन करते हुए कहा कि शिकागो के अश्वेत नागरिक नहीं चाहते थे कि किंग उनके हितों के लिए किसी तरह का आंदोलन शुरू करें। मेटकाल्फे ने कहा कि शिकागो के अश्वेत नागरिक अपने हितों की सुरक्षा स्वयं कर पाने में सक्षम थे।

डाले पहले दक्षिण में किंग के आंदोलन की तारीफ कर चुका था। शिकागो में किंग के प्रस्तावित आंदोलन के बारे में उसने चतुराई के साथ जवाब दिया, "गरीबी और भेदभाव के खिलाफ उनके विचारों को देखते हुए उन्हें नोबेल शांति पुरस्कार से सम्मानित किया गया। उनकी ऐसी भूमिका का प्रत्येक जागरूक अमेरिकी नागरिक सराहना करेगा।"

राजनीतिक शतरंज का माहिर खिलाड़ी होने के नाते डाले ने शुरुआत में कूटनीतिक तरीके आजमाने की कोशिश की। जब उसने सुना कि किंग और नागरिक अधिकार के दूसरे नेता शिकागो के निर्धन अश्वेतों की समस्या का उल्लेख कर रहे थे तब उसने गर्व के साथ ऐलान किया कि उसने वर्ष 1967 के अंत तक शहर की झोंपड़पट्टियों का वजूद खत्म करने की योजना बनाई थी।

शिकागो पहुँचकर किंग को कई ऐसे नेताओं की चुनौतियों का सामना करना पड़ा, जो अपने-अपने हितों के बारे में सोच रहे थे। किंग के लिए आगे बढ़ने का रास्ता आसान नहीं था।

ऑपरेशन ब्रेड बास्केट

शिकागो में मेयर डाले और उसके राजनीतिक स्वार्थ को चुनौती देने की तैयारी करते हुए किंग ने अपना ध्यान एक अन्य आर्थिक मोरचे की तरफ केंद्रित किया। सन् 1960 के पूर्वार्द्ध में फिलाडेल्फिया में नागरिक अधिकार आंदोलन के नेता लियोन सुलीवन ने एक सामुदायिक सहायता और सशक्तीकरण अभियान चलाया था, जो महात्मा गांधी के अहिंसा और प्रत्यक्ष कार्यवाही के सिद्धांत पर आधारित था। उस अभियान की किंग ने सराहना की थी। किंग की तरह ही सुलीवन ने भी पढ़ाई करते समय गांधी दर्शन का अध्ययन किया था। जो कंपनियाँ अश्वेत स्त्री-पुरुष को रोजगार नहीं देती थीं, सुलीवन ने ऐसी कंपनियों के उत्पादों का बहिष्कार करना शुरू किया था। सुलीवन के अभियान को आदर्श मानकर किंग ने एस.सी.एल.सी. के जरिए वैसा ही अभियान चलाने का फैसला किया।

किंग ने अपने इस अभियान का नाम 'ऑपरेशन ब्रेड बास्केट' रखा। निम्न आय वर्ग के अश्वेतों को रोजगार दिलाने के लिए एस.सी.एल.सी. की तरफ से बहिष्कार की धमकी देने की रणनीति अपनाई जा रही थी। जो कंपनियाँ अश्वेतों को रोजगार नहीं दे रही थीं, उनके उत्पादों का बहिष्कार करने की धमकी दी जा रही थी। तय किया गया था कि जब तक कंपनियाँ रोजगार देने के लिए तैयार नहीं होतीं तब तक उनका बहिष्कार जारी रहने वाला था। इस अभियान के संबंध में किंग का तर्क था, "अगर आप मेरे डॉलर की इज्जत कर सकते हैं तो मेरे लोगों की भी इज्जत करनी होगी। और जहाँ अश्वेतों को रोजगार नहीं दिया जाएगा, वहाँ हम अपनी राशि खर्च भी नहीं करेंगे।"

शिकागो में पहला ब्रेड बास्केट आंदोलन थियोसॉफिकल सोसायटी के एक युवा छात्र जेसी जैक्सन की अगुवाई में शुरू हुआ था। जैक्सन तेज-तर्रार वक्ता और लगनशील कार्यकर्ता था तथा सेलमा में आंदोलन के दौरान महत्त्वपूर्ण भूमिका निभा चुका था। किंग और उनके सहयोगी जैक्सन की प्रतिभा से काफी प्रभावित थे। जैक्सन ऊर्जा और तेजस्विता से ओत-प्रोत युवा था, जो जनहित के कार्यों में जी-जान से जुटा रहता था। किंग ने जैक्सन के व्यक्तित्व की संभावनाओं को देखते हुए उसे शिकागो के अभियान से जोड़ा था।

शहर के दक्षिणी हिस्से में स्थित एक छोटे से कार्यालय से जैक्सन ने अप्रैल 1966 में अश्वेत समुदाय की आर्थिक क्षमता पर आधारित ऑपरेशन ब्रेड बास्केट की शुरुआत की। एक डेयरी को निशाना बनाया गया था, जिसके 100 से ज्यादा आउटलेट शिकागो के अश्वेत बहुल इलाकों में थे। जैक्सन ने डेयरी के कर्मचारियों की सूची देखने की इच्छा जाहिर की, जिसे डेयरी प्रबंधन ने ठुकरा दिया था। इसके बाद अश्वेतों के चर्चों के पादरियों ने अपने-अपने अनुयायियों से उस डेयरी के उत्पादों के बहिष्कार करने के लिए कहा। कुछ ही दिनों में कंपनी समझौता करने के लिए तैयार हो गई। वह 44 पदों पर या अपने 20 फीसदी पदों पर अश्वेतों को नौकरी देना चाहती थी।

"हमारी रणनीति किसी को डराने-धमकाने की नहीं है।" जैक्सन ने कहा, "हमारा लक्ष्य है एक रिश्ता विकसित करना, ताकि कंपनियाँ उपभोक्ताओं का सम्मान करें और उपभोक्ता कंपनियों का सम्मान करें। जब अश्वेत समुदाय की क्रय क्षमता बढ़ेगी तो लोग उत्पादों को खरीदने के लिए अधिक खर्च कर पाएँगे। इस तरह दोनों पक्षों को लाभ होगा।"

जैक्सन का मानना था कि अश्वेतों को अपने समुदाय के संसाधनों को

नियंत्रित रखना होगा। "हम बैंक, व्यापार, भवन-निर्माण और अपने बच्चों की शिक्षा पर अपना नियंत्रण चाहते हैं। हमारी ऐसी इच्छा बचाव की दिशा में उठाया गया कदम है, ताकि हम अपने समुदाय व श्वेतों के नियंत्रण को खत्म कर सकें। जो मुनाफा और आय अश्वेतों के हिस्से का है, उस पर अश्वेतों का अधिकार होना चाहिए।"

जैक्सन की पहली बड़ी कामयाबी ए. एंड पी. कंपनी के खिलाफ मिली। वह कंपनी देश-भर में परचून की दुकानों की शृंखला संचालित करनेवाली सबसे बड़ी कंपनी थी। 6 महीने तक शिकागो के अश्वेत बहुल इलाकों में ए. एंड पी. की 36 दुकानों का बहिष्कार किया गया। गृहिणियाँ पादरियों के साथ कतार में खड़ी होकर अन्य दुकानों से समान खरीदने लगीं। अद्‌भुत एकजुटता का परिचय देते हुए अश्वेत समुदाय ने ए. एंड पी. का बहिष्कार जारी रखा।

इस बहिष्कार के चलते ए. एंड पी. को बड़े पैमाने पर नुकसान सहना पड़ा। इस बहिष्कार का गहरा प्रभाव पड़ा और 220 अश्वेतों को रोजगार मिल गया। उन्हें डिलीवरी बॉय से लेकर डिपार्टमेंट मैनेजर के पद पर नियुक्त किया गया। इसके अलावा कंपनी ने आश्वासन दिया कि वह अश्वेत व्यापारियों के उत्पादों की बिक्री बढ़ाएगी और अश्वेतों का बैंकों के व्यवसाय के लिए इस्तेमाल करेगी। ज्वेल टी. कंपनी ने 600 अश्वेत कर्मचारियों को नियुक्त किया। अन्य दर्जनों कंपनियों ने बहिष्कार का इंतजार नहीं किया और उन्होंने जैक्सन को सूचित कर दिया कि वे अश्वेतों के लिए नौकरियों का सृजन कर रही थीं। जैक्सन ने एक पत्रकार को बताया, "आप नई नौकरियों की गिनती नहीं कर सकते, क्योंकि कंपनियों ने बहिष्कार की आहत पहले ही सुन ली।"

किंग ने शिकागो में एक और महत्त्वपूर्ण कार्य के. जैक्सन की प्रतिभा का इस्तेमाल किया। जैक्सन ने अश्वेतों द्वारा नियंत्रित वित्तीय संस्थाओं का विस्तार किया, जो संस्थाएँ अश्वेतों की निर्धनता की समस्या के प्रति संवेदनशील रवैया अपनाती थीं। अश्वेतों के बैंकों का संसाधन बढ़ते जाने से अश्वेत व्यापारियों को आसानी से ऋण मिल सकता था, जो अश्वेत कर्मचारियों को रोजगार देकर समुदाय के उत्थान में अहम भूमिका का निर्वाह कर सकते थे। ऑपरेशन ब्रेड बास्केट अश्वेत समुदाय के बीच उत्थान और उपभोक्तावाद के चक्र का निर्माण कर रहा था।

शिकागो में जैक्सन को ऑपरेशन ब्रेड बास्केट चलाने में जो कामयाबी मिली, उसे देखते हुए दूसरे शहरों से भी बुलावा आने लगा। इस अभियान ने

जैक्सन को नागरिक अधिकार आंदोलन की अग्रिम पंक्ति में लाकर खड़ा कर दिया और बाद में महत्त्वपूर्ण राष्ट्रीय नेता बना दिया।

मेरडीथ मार्च

किंग के जीवन में जैसा कि अनेक अवसरों पर हो चुका था, सोची-समझी योजना के बावजूद कई समस्याएँ प्रकट हो जाती थीं। 6 जून को किंग को सूचना मिली कि नागरिक अधिकार आंदोलन के नेता जेम्स मेरडीथ को मिसीसिपी में गोली मार दी गई थी।

सन् 1951 से 1960 तक वायु सेना में नौकरी करने के बाद मेरडीथ ने दो सालों तक जैक्सन स्टेट कॉलेज में पढ़ाई की थी। सन् 1962 में वह प्रथम अश्वेत छात्र बने, जिसे मिसीसिपी विश्वविद्यालय में दाखिला मिला था। मेरडीथ के दाखिले की वजह से मिसीसिपी के ऑक्सफोर्ड परिसर में हिंसा फैल गई थी और 2 व्यक्तियों की जान गई थी।

अब मेरडीथ ने नागरिक अधिकारों के लिए अभियान छेड़ रखा था। मताधिकार के समर्थन में अश्वेतों की निर्भीकता और निष्ठा को जताने के लिए उन्होंने टेनिसी के मेंफिस से मिसीसिपी के जैक्सन तक यात्रा करने का फैसला किया था। 32 वर्षीय मेरडीथ की 'भय के विरुद्ध यात्रा' मिसीसिपी के हेरनेंडो तक पहुँच चुकी थी। उन्होंने 30 मील की दूरी तय कर ली थी। एक हाथ में छड़ी और दूसरे हाथ में 'बाइबिल' लेकर वह कदम बढ़ा रहे थे, तभी सड़क किनारे की झाड़ियों में छिपे एक व्यक्ति ने मेरडीथ की पीठ और पेट पर 3 गोलियाँ चलाईं। समय पर हमलावर को मेरडीथ ने देख लिया था और वह जमीन पर लेट गए थे, इस तरह उनकी जान बच गई थी। हमलावर को एफ.बी.आई. एजेंटों ने गिरफ्तार कर लिया था, जिसे 5 साल की सजा सुनाई गई थी। किंग फौरन मेरडीथ का हाल-चाल

जनता का अभिवादन स्वीकारते मार्टिन

जानने के लिए मेंफिस पहुँच गए। मेरडीथ के घाव गंभीर नहीं थे। दोनों ने 'स्टूडेंट नॉन वॉयलेंट कॉर्डिनेटिंग कमेटी' के स्टॉफली कार्मीकेल और फोर के फ्लाइड मेंफिसिक के साथ जैक्सन तक की यात्रा पर विचार करना शुरू कर दिया। इस यात्रा को 'मेरडीथ मार्च' के नाम से जाना गया।

जब मेरडीथ को हमले की वजह से मेंफिस से ठिठक जाना पड़ा था, तब दूसरे समर्थकों ने हरनेंडो से यात्रा को जारी रखा था। वे लोग 3 हफ्ते तक चलते रहे थे और उन्होंने मिसीसिपी के हजारों अश्वेत मतदाताओं का पंजीयन करवाने में सहायता की थी। 26 जून को मेरडीथ फिर यात्रा में शामिल हुए और जैक्सन पहुँच गए।

मेरडीथ मार्च के दौरान मिसीसिपी के ग्रीन वुड में स्टॉफली कार्मीकेल को गिरफ्तार किया गया और फिर रिहा कर दिया गया। स्टॉफली ने अपने एक भाषण से सनसनी फैला दी थी। उन्होंने आंदोलनकारियों से कहा था कि "ब्लैक पावर की माँग करने का वक्त आ गया था।" यह ऐसी माँग थी, जो नागरिक अधिकार आंदोलन को आनेवाले समय में प्रभावित करनेवाली थी। यह माँग किंग के अहिंसक नागरिक अधिकार आंदोलन के सिद्धांत पर चोट करने वाली थी। बाद में किंग ने स्टॉफली के भाषण के बारे में कहा कि "शब्दों का उन्होंने दुर्भाग्यपूर्ण चयन किया था।" आने वाले समय में किंग को इस मसले पर कठिन चुनौती का सामना करना पड़ा।

शिकागो का अभियान

10 जुलाई, 1966 को शिकागो के विशाल सोल्जर्स फील्ड में 'फ्रीडम डे' के रूप में जनसभा का आयोजन किया गया, जिसमें लगभग 60,000 श्वेत व अश्वेत नागारिक एकत्र हुए। इस अवसर पर महालिया जैक्सन ने गीत गाए। किंग अपने समर्थन में आर्क बिशप जॉन कार्डीनाल कोडी से एक बयान जारी करवाने में सफल हो गए। कार्डीनाल ने अपने संदेश में कहा था, "आपका संघर्ष मेरा संघर्ष है। आपकी यंत्रणा मेरी यंत्रणा है। जब तक शिकागो और अमेरिका की धरती से भेदभाव और अन्याय का नामोनिशान खत्म नहीं हो जाता, तब तक जारी रहनेवाले संघर्ष में मैं आपके साथ हूँ।"

लगभग 5,000 आंदोलनकारी किंग के नेतृत्व में सोल्जर्स फील्ड से जुलूस निकालकर सिटी हॉल तक पहुँचे, जहाँ मेयर रिचर्ड जे. डाले के दरवाजे पर किंग ने अपना माँग-पत्र चिपका दिया। उस माँग-पत्र को उन्होंने 'अहिंसक स्वतंत्रता

सेनानी' का माँग-पत्र बताया था। किंग शिकागो में आवास, रोजगार और शिक्षा के क्षेत्र में भेदभाव समाप्त करवाना चाहते थे।

दरवाजे पर माँग-पत्र चिपकाकर किंग ने उस घटना की याद दिला दी थी, जब उनके ही नामवाले जर्मन विद्वान् मार्टिन लूथर ने 31 अक्तूबर, 1517 को जर्मनी के पीटनबर्ग में स्थित कैसल चर्च के दरवाजे पर माँग-पत्र चिपकाया था। उनके इस कार्य में प्रोटेस्टेंट सुधार आंदोलन की शुरुआत हुई थी।

किंग ने पत्रकारों को बताया कि शिकागो में 80,000 अश्वेत नागरिकों को मलिन बस्तियों में रहने के लिए मजबूर होना पड़ा था, जो घरिया आवाज के लिए महँगा किराया चुका रहे थे, जिनके बच्चों के लिए बेहतर स्कूल नहीं बनाए गए थे। उनके बीच बेरोजगारी 13 फीसदी थी। यह प्रतिशत राष्ट्रीय औसत से काफी अधिक था। ज्यादातर अश्वेतों को केवल मजदूरी के कार्य मिल सकते थे। उन्हें गरीबी और रंगभेद के दो पाटों के बीच पिसना पड़ रहा था।

शिकागो जुलूस की तैयारियाँ करते हुए जहाँ किंग ने चर्च के नेताओं और राजनेताओं से बातचीत की, वहीं कोबरा और ब्लैकस्टोन रैजर्स जैसे युवाओं के संगठनों से भी बात की। किंग सभी से आह्वान कर रहे थे कि आनेवाले समय में वे हिंसा के मार्ग से दूर ही रहें।

ऐसी मुलाकातों के दौरान न्याय विभाग का अधिकारी रोजर विलकिंस भी उपस्थित था, जिसे राष्ट्रपति जॉनसन ने भेजा था। विलकिंस ने बाद में लिखा कि युवाओं के साथ किंग किसी संत की तरह बरताव कर रहे थे और उनके भीतर की मानवता व आस्था को जगाने का प्रयास कर रहे थे। युवा हिंसा में विश्वास रखते थे, लेकिन किंग उन्हें यह समझाने में सफल रहे कि हिंसा का सहारा लेना आत्मघाती कदम साबित हो सकता था।

12 जुलाई की रात शिकागो में भयंकर गरमी पड़ रही थी। सार्वजनिक स्विमिंग पूलों में अश्वेतों का प्रवेश वर्जित था। कुछ अश्वेत बच्चे सरकारी नल खोलकर नहाने लगे थे, तभी पुलिसकर्मी पहुँच गए थे और नल को बंद कर दिया था। लड़कों ने नल को फिर खोल दिया था। जब पुलिसकर्मी दोबारा आए तो उन पर पत्थरों व बोतलों की बरसात की गई और चारों तरफ अराजकता की स्थिति पैदा हो गई। अश्वेतों की भीड़ सड़क से गुजरनेवाले वाहनों पर चीजें फेंकने लगी और पड़ोस की दुकानों के शीशे तोड़ने लगी। तनाव की खबर पाकर किंग अपने सहयोगियों के साथ घटना-स्थल पर पहुँचे। उन्होंने लोगों से शांत होने का अनुरोध किया। रातोरात माहौल शांत हो गया।

अगली सुबह शहर के अधिकारियों ने प्रतिक्रिया व्यक्त की। कर्मचारियों को तैनात किया गया, ताकि अश्वेत बच्चे नल न खोल सकें। गरमी के दिनों में शिकागो के अश्वेत बच्चे सरकारी नल खोलकर नहाते रहे थे। सरकार ने जब नहाने पर रोक लगा दी तो स्वाभाविक रूप से अश्वेत आबादी को गुस्सा आ गया। देखते-ही-देखते समूचा इलाका रणभूमि में तब्दील हो गया।

शहर के दक्षिण-पश्चिम और पूर्वोत्तर हिस्से तथा उपनगरों में हिंसा फैली थी, जहाँ नागरिक अधिकार आंदोलन के कार्यकर्ता शांति जुलूस निकाल रहे थे। उनके ऊपर कई चीजें फेंकी जाती थीं, अपमानित किया जाता था, जान से मारने की धमकी दी जाती थी; मगर सामाजिक न्याय के प्रति कार्यकर्ताओं के मन में निष्ठा अटूट बनी हुई थी। एक कार्यकर्ता ने कहा, “हम जुलूस में शामिल होकर घर लौटते थे और साहस बटोरकर फिर अगले दिन जुलूस में शामिल हो जाते थे।” कार्यकर्ताओं में गजब का अनुशासन था। उग्र युवा समूह के सदस्य भी पूरी तरह अहिंसक बने हुए थे। बाद में किंग ने कहा, “मैंने देखा, उनकी नाक में चोट लगती थी, खून बहने लगता था; मगर उनमें से किसी ने हिंसा का जवाब हिंसा से नहीं दिया।”

एस.सी.एल.सी. के सदस्य स्टोनी कुक ने बताया कि जुलूस में शामिल लोगों पर बीयर की बोतलें फेंकी जा रही थीं। कुक ने बताया, “एंडी यंग की कार मैंने खड़ी की थी, जिसे भीड़ ने धकेलकर गर्त में फेंककर आग लगा दी थी।”

एक हफ्ते में 2 लोग मारे गए, 80 व्यक्ति घायल हुए। 2 पुलिसकर्मियों को गोली मारी गई थी। 400 से अधिक अश्वेत युवकों को गिरफ्तार किया गया था। व्यापार को सर्वाधिक नुकसान पहुँचा था। कानून व्यवस्था को नियंत्रित करने के लिए डाले ने गवर्नर ओरो कर्नल से नेशनल गार्ड्स भेजने का अनुरोध किया था।

किंग ने महसूस किया कि शिकागो में अधिक स्पष्ट लक्ष्य को सामने रखकर आंदोलन चलाने की आवश्यकता थी। किंग ने अपने सहयोगियों के साथ अश्वेतों के आवास के मुद्दे पर ध्यान देने का फैसला किया। गरीब अश्वेतों को मलिन बस्तियों में नारकीय जिंदगी गुजारनी पड़ रही थी। कुछ कार्यकर्ताओं को यह मुद्दा पिछले लंच काउंटर के मुद्दे के समान ही लग रहा था, जिसे लेकर शुरू किए गए आंदोलन को उल्लेखनीय सफलता मिली थी। शिकागो में हजारों मकान बिक्री या किराए के लिए उपलब्ध थे, मगर

अश्वेतों को उनमें रहने का अधिकार नहीं था।

कार्यकर्ताओं ने रियल इस्टेट कंपनियों से संपर्क कर मकानों की सूची की जाँच शुरू कर दी थी। वे इस नतीजे पर पहुँचे कि गिने-चुने इलाके में ही मुट्ठी भर अश्वेतों को बेहतर आवास की सुविधा मिल पाई थी। ऐसे निर्धारित इलाके में ही अश्वेत घर खरीद सकते थे। इस मामले में अश्वेतों के साथ भेदभाव का बरताव किया जा रहा था। कार्यकर्ताओं ने श्वेतों के मोहल्ले में जुलूस निकालकर इस तरह के भेदभाव का विरोध जताया। इस अभियान को 'आवास अभियान' कहकर पुकारा गया।

28 जुलाई को कार्यकर्ताओं ने गेग पार्क में रियल इस्टेट के एक कार्यालय का घेराव किया। इस प्रदर्शन पर स्थानीय निवासियों ने हिंसक प्रतिक्रिया जताते हुए कार्यकर्ताओं पर पत्थर और बोतलें बरसाईं, साथ ही उन्हें गालियाँ भी दीं। पुलिस ने अश्वेतों की सुरक्षा करने का प्रयास किया, मगर इससे श्वेतों का गुस्सा और भी बढ़ता गया। श्वेतों की भीड़ ने 24 कारों को तहस-नहस कर दिया और 30 व्यक्तियों को घायल कर दिया।

इस अराजक दृश्य को एंड्रयू यंग ने अपनी आँखों से देखा था। और बाद में इसके बारे में बताया था, "10 हजार से ज्यादा लोग हमारे ऊपर टूट पड़े थे। वे हमें गालियाँ दे रहे थे। हमारे ऊपर कचरा फेंक रहे थे, ऐसा लग रहा था मानो किसी युद्ध-क्षेत्र में हमें चारों तरफ से घेर लिया गया था।"

5 अगस्त को किंग की अगुवाई में शिकागो के दक्षिण-पश्चिम इलाके में जुलूस निकाला गया, जहाँ क्रुद्ध भीड़ ने कार्यकर्ताओं पर पत्थर बरसाए। किंग शिकागो में फैली नफरत को देखकर अवाक् रह गए थे। उस रात कुछ थके हुए अंदाज में किंग अपने मित्र के घर में बैठे हुए थे। उन्होंने धीरे से कहा, "मैंने पहले कभी ऐसी घृणा और शत्रुता नहीं देखी थी। ये लोग मनुष्य के प्रति मनुष्य के अमानवीय व्यवहार के प्रतीक की तरह हैं।"

8 अगस्त को जेसी जैक्सन ने घोषणा की कि शिकागो के पश्चिम में स्थित उपनगर श्वेतों के उपनगर सिसरो में जुलूस निकाला जाएगा। देश के उत्तर में सिसरो को सर्वाधिक रंगभेद से ग्रस्त इलाका माना जाता था और आंदोलनकारियों ने जोखिम भरा क्षेत्र चुन लिया था। चार महीने पहले चार गोरों ने एक अश्वेत किशोर को पीट-पीटकर मार डाला था। सन् 1951 में जब एक अश्वेत परिवार ने सिसरो में बसने की कोशिश की थी तो इसी बात पर दंगा फैल गया था। सिसरो में जुलूस निकालने की घोषणा सुनकर शिकागो के नेता

आशंकित हो गए। उन्हें लग रहा था कि इस तरह भयंकर रक्तपात हो सकता था।

इस दौरान शिकागो हेट्स, मार्किट पार्क और केगीन इलाके में जुलूस निकाले गए। नेतृत्व ने सिसरो तक जुलूस निकालने की तारीख रविवार 28 अगस्त की घोषणा कर दी थी।

निरंतर विरोध में निकाले जा रहे जुलूस से शिकागो में तनाव बढ़ता जा रहा था और सुलह की कोशिश करने के लिए दबाव बढ़ता जा रहा था। शहर के अधिकारियों और नागरिक अधिकार आंदोलन के नेताओं के बीच कई बैठकें हुईं। इन बैठकों में मेयर डाले, रियल इस्टेट एजेंट, व्यापारी और धार्मिक नेताओं ने भी भागीदारी की।

26 अगस्त, 1966 को मेयर ने किंग को पामर हाउस होटल में बातचीत के लिए आमंत्रित किया। एक समझौता तैयार करने के लिए डाले के साथ किंग और उनके सहयोगियों ने दस घंटे तक बैठक की। किंग चाहते थे कि शहर के किसी भी इलाके में अश्वेतों को घर खरीदने या किराए पर लेने का अधिकार मिलना चाहिए। डाले चाहता था कि आंदोलन को रोका जाए और यथास्थिति को बहाल रखा जाए। इस तरह बातचीत के दौरान गतिरोध बना हुआ था।

जब सभी बैठक से बाहर निकले तो डाले ने नतीजे की सराहना की। किंग भी संतुष्ट नजर आए। हालाँकि समझौते के प्रस्तावों को लागू करने की कोई समय सीमा निर्धारित नहीं की गई थी। लेकिन किंग इस निष्कर्ष पर पहुँचे थे कि मुक्ति की दिशा में आंदोलन ने सार्थक हस्तक्षेप किया था, जिससे आने वाले समय में बदलाव होना निश्चित था।

□

वियतनाम, ब्लैक पावर और वर्ष 1967

वर्ष 1967 के आरंभ में किंग को उथल-पुथल भरे राजनीतिक परिदृश्य का सामना करना पड़ा। वियतनाम युद्ध पर हो रहे खर्च को देखते हुए संसद् और प्रशासन ने निर्धनता-उन्मूलन संबंधी सारी योजनाएँ स्थगित कर दी थीं। युवाओं में अब नागरिक अधिकारों को लेकर वैसा जोश नहीं रह गया था। सबका ध्यान युद्ध पर केंद्रित था। और युद्ध का विरोध जताया जा रहा था। दूसरी तरफ नागरिक अधिकारों की आवाज बुलंद करनेवाले अब त्वरित परिवर्तन की बात करने लगे थे और इसके लिए हिंसा को भी जरूरी बता रहे थे। वाट्स दंगे के कड़वे अनुभव के बाद 'ब्लैक पावर' का उत्थान होने लगा था। दूसरी तरफ नागरिक अधिकार संघर्ष को लेकर श्वेतों के मन में असहिष्णुता का भाव बढ़ता जा रहा था।

वियतनाम युद्ध

दूसरे अमेरिकी व्यक्तियों की तरह किंग भी अमेरिकी इतिहास के सबसे बड़े युद्ध को लेकर दुःखी थे। वियतनाम युद्ध की जड़ें सन् 1954 की घटनाओं से जुड़ी थीं, जब उत्तरी वियतनाम में साम्यवादी सेना ने हो ची मिन्ह के नेतृत्व में फ्रांसीसी सेना को पराजित कर दिया था। दक्षिणी वियतनाम पर फ्रांस एक

सौ से अधिक वर्षों से शासन करता रहा था। सत्ता से उखाड़े जाने पर अमेरिका की सहायता लेकर फ्रांस ने नए सिरे से सत्ता हासिल करने की कोशिश की। मगर उसे उत्तरी वियतनाम के सैनिक ठिकाने डीन बीन फू में करारी शिकस्त का सामना करना पड़ा। 56 दिवसीय संघर्ष विराम की समाप्ति के साथ इंडो-चीन में फ्रांस का औपनिवेशिक शासन भी समाप्त हो गया। जेनेवा शांति समझौते के तहत फ्रांस का आधिपत्य समाप्त होने और सन् 1950 में वियतनाम में आम चुनाव करवाने की घोषणा की गई।

वियतनाम युद्ध के बाद भाषण देते हुए मार्टिन

साम्यवाद के प्रसार से चिंतित होने के कारण अमेरिकी राष्ट्रपति आइजनहॉवर ने दक्षिणी वियतनाम में गो दीन देन के नेतृत्व में सरकार गठित करने में सहायता की। इसके साथ ही अमेरिका फ्रांस की तरह वियतनाम के अभिभावक की भूमिका निभाने लगा। जेनेवा शांति संधि के तहत किए गए वादे से मुकरते हुए दक्षिण वियतनाम की नई सरकार ने जब चुनाव करवाने से इनकार कर दिया तब वियतनाम के साम्यवादी छापामारों ने नई सरकार के खिलाफ युद्ध का ऐलान कर दिया।

राष्ट्रपति केनेडी ने वियतनाम के हालात का जायजा लेने के लिए एक दल भेजा। दल ने अपनी रिपोर्ट में बताया कि अमेरिका को वियतनाम में हस्तक्षेप करने की जरूरत थी। इस समय अमेरिका सैन्य हस्तक्षेप करते हुए हिचकिचा रहा था, क्योंकि उसे भी फ्रांसीसी सेना की तरह भीषण चुनौती का सामना करना पड़ सकता था।

सन् 1963 में लिंडन जॉनसन अमेरिका के राष्ट्रपति बने। इसके साथ ही वियतनाम का संकट बढ़ता ही गया। अमेरिकी रणनीतिकार समझ गए थे कि दक्षिण वियतनाम की सेना साम्यवादी योद्धाओं को पराजित नहीं कर सकती थी। जॉनसन पर अमेरिकी सेना का दबाव बढ़ा कि उत्तर वियतनाम के खिलाफ अधिक आक्रामक कार्रवाई की जाए। सेना प्रमुख ने राष्ट्रपति को सलाह दी कि

दक्षिण वियतनाम में अमेरिकी सेना को भेज देना चाहिए।

2 अगस्त, 1964 को अमेरिकी विमान 'मेडोक्स' पर टोनफीन खाड़ी में वियतनाम के तीन टोरपेडो जहाज से गोलियाँ चलाई गईं। मंडोक्य ने जवाबी हमला किया और वियतनाम का एक जहाज डूब गया । उत्तरी वियतनाम पर आक्रमण के औचित्य को उचित ठहराने के लिए जॉनसन को एक बहाना मिल गया। जॉनसन ने उत्तर में चार टोरपेडो जहाजों और एक तेल भंडार पर बम बरसाने का आदेश दे दिया। इस हमले की योजना तीन महीने पहले ही बना ली गई थी। इसके बाद टी.वी. के जरिए देश को संबोधित करते हुए जॉनसन ने युद्ध शुरू होने की घोषणा कर दी। संसद् ने उत्तरी वियतनाम पर बमबारी करने के जॉनसन के फैसले को तुरंत मंजूरी दे दी और उत्तरी वियतनाम के विरुद्ध तमाम जरूरी कदम उठाने का अधिकार राष्ट्रपति को सौंपने का प्रस्ताव पारित किया

युद्ध में अमेरिका की भागीदारी बढ़ती गई। युवा अमेरिकी सैनिकों की लाशें स्वदेश लौटकर आने लगीं। युद्ध के मसले पर राजनीतिक विभाजन तीखा होता गया। टी.वी. के परदे पर विध्वंस और मृत्यु के दृश्य नजर आने लगे। युद्ध का उन्माद थमता गया। और युद्ध को रोकने की माँग तेज होती गई।

अगस्त 1965 एस.सी.एल.सी. के सलाना अधिवेशन में किंग ने युद्ध पर अफसोस जताया और इसके लिए देश की सरकार की आलोचना की। उन्होंने अपने साथियों से आह्वान किया कि वे युद्ध को रोकने की अपील सरकार से करें। किंग ने तत्काल वियतनाम में अमेरिकी बमबारी रोकने की माँग की। किंग के विरोध को देखकर सरकार नाराज हुई।

शुरू-शुरू में किंग युद्ध को लेकर खामोश बने हुए थे। उन्हें लग रहा था कि कहीं संसद् नागरिक अधिकार विधेयक को नजरअंदाज न कर दे। दिसंबर 1966 में राष्ट्रपति जॉनसन ने जब ऐलान कर दिया कि गरीबी-उन्मूलन के लिए निर्धारित पूँजी का इस्तेमाल वियतनाम युद्ध के लिए किया जाएगा तो किंग ने युद्ध को अनैतिक और तर्कहीन कहकर सरकार के रवैए की आलोचना शुरू कर दी।

सन् 1966 में हुए संसदीय चुनाव में डेमोक्रेट को नाटकीय शिकस्त का सामना करना पड़ा। इस दौरान किंग ने राष्ट्रपति जॉनसन से फोन पर बात की। किंग युद्ध का विरोध कर रहे थे, इसलिए राष्ट्रपति उनके प्रति नाराज हो गए थे। लेकिन किंग राष्ट्रपति पर जोर दे रहे थे कि युद्ध पर होनेवाले खर्च के बावजूद सरकार को आवास एवं अन्य बुनियादी मसलों की तरफ गौर करना चाहिए था

और नागरिक अधिकार आंदोलन की माँगों की उपेक्षा नहीं करनी चाहिए थी। बातचीत के दौरान जॉनसन ने भी युद्ध के प्रति अपनी झुँझलाहट को उजागर किया। किंग समझ गए कि लंबे समय से जारी वियतनाम युद्ध की वजह से राष्ट्रपति हताश हो रहे थे। एक तरफ सेना और भी फौजियों की माँग कर रही थी, दूसरी तरफ देश भर में शांति के समर्थन में आंदोलनकारी सड़कों पर प्रदर्शन कर रहे थे। जॉनसन ने किंग को बताया कि वह एक मध्य मार्ग अपनाने की कोशिश कर रहे थे, ताकि सभी पक्षों को संतुष्ट रखा जा सके। किंग ने राष्ट्रपति की बातें ध्यान से सुनीं और कहा कि उन्हें राष्ट्रपति से हमदर्दी थी। जब किंग के सहयोगियों ने उनसे पूछा कि उन्होंने वार्त्तालाप के दौरान नागरिक अधिकार आंदोलन की चर्चा क्यों नहीं की, तो किंग ने कहा, "व्यक्ति को कभी मसीहा तो कभी उपदेशक बनना पड़ता था। एक श्रेष्ठ मसीहा एक श्रेष्ठ उपदेशक भी हो सकता है।" जॉनसन के साथ किंग की यह आखिरी बातचीत थी।

जनवरी 1967 में किंग की पत्नी फोटेरा सहित अन्य करीबी सहयोगियों ने उनसे वियतनाम युद्ध का सार्वजनिक रूप से विरोध करने का अनुरोध किया। किंग के सहयोगी बर्नार्ड ली ने उस समय के एक प्रसंग को याद करके बताया, "किंग भोजन करते वक्त 'टेंपाट्स' नामक पत्रिका के पन्ने पलट रहे थे। अचानक वे ठिठक गए। उन्होंने पत्रिका में मृत बच्चे के साथ वियतनामी माता की तसवीर देखी। "बच्चे को हमारी सेना ने मारा था।" ली ने बताया, "किंग ने खाने का प्लेट दूर खिसका दिया। मैंने उनसे पूछा कि क्या खाना अच्छा नहीं था?" उन्होंने जवाब दी–जब तक मैं युद्ध को समाप्त करने के लिए प्रयास नहीं करता तब तक मुझे भी अच्छा नहीं लगने वाला।"

फरवरी में युद्ध-विरोधी सांसदों को किंग ने बताया कि अमेरिका ने वियतनाम के साथ युद्ध शुरू कर सरकार और जनता का ध्यान नागरिक अधिकार आंदोलन से हटा दिया। कुछ कार्यकर्ताओं और अखबारों ने किंग के विचार का समर्थन किया, वहीं एक दूसरे तबके ने उनकी निंदा की। नागरिक अधिकार आंदोलन के कई नेता किंग के युद्ध-विरोधी रवैए से सहमत नहीं थे। और वे मानते थे कि नागरिक अधिकार आंदोलन का शांति समर्थक आंदोलन में विलय करना उचित नहीं होगा। किंग ने उनकी बातों की तरफ ध्यान नहीं दिया।

4 अप्रैल, 1967 को न्यूयॉर्क के रिवरजाइड चर्च में 3,000 लोगों की भीड़ को किंग ने संबोधित किया। उनके भाषण का शीर्षक था–वियतनाम से आगे। किंग ने कहा, "मैं आज की रात इस अद्‍भुत उपासना गृह में आया हूँ।

क्योंकि मेरे विवेक ने मुझे ऐसा करने के लिए मजबूर किया है।"

किंग ने कहा कि जिस तरह अमेरिका के गरीब और कमजोर तबके को युद्ध में मरने के लिए भेजा जा रहा था, वह क्रूरता और संवेदनशून्यता का परिचायक था। यह एक ऐसे देश का आचरण था, जो अपने काले विद्यार्थियों को गोरे विद्यार्थियों के साथ कक्षा में एक साथ बैठने देने की इजाजत देने के लिए तैयार नहीं था। किंग मलिन बस्तियों में रहनेवाले गरीब अश्वेतों को उनके हाल पर कैसे छोड़ सकते थे, जिन लोगों के मन में उन्होंने उम्मीद जगाई थी और अहिंसक प्रतिरोध का रास्ता दिखाया था। उन्होंने कहा था कि गरीब तबके के युवाओं और अमेरिका की आत्मा को बचाने के लिए वे मूक दर्शक बनकर बैठे नहीं रह सकते थे।

किंग ने कहा, "किसी भी स्थिति में इस उन्माद को रोकना होगा। हमें युद्ध रोकना होगा। मैं ईश्वर की संतान और वियतनाम के बेबस भाइयों की तरफ से अनुरोध कर रहा हूँ, जिनके घरों को नष्ट किया जा रहा है, जिनके खेतों को उजाड़ा जा रहा है, जिनकी संस्कृति को मिटाया जा रहा है। मैं अमेरिका की गरीब जनता की तरफ से अनुरोध कर रहा हूँ, जिसे वियतनाम की तबाही की दोहरी कीमत चुकानी पड़ रही है। मैं समूचे विश्व की तरफ से अनुरोध कर रहा हूँ, जो जंग के रास्ते का विरोध करता है। मैं अमेरिका से प्यार करता हूँ। अपने नेता से अनुरोध करता हूँ कि जिस तरह उन्होंने जंग की शुरुआत की, उसी तरह जंग को समाप्त भी कर दें।"

किंग ने बमबारी रोकने और एकपक्षीय युद्ध-विराम की घोषण करने की माँग की, ताकि अमन की बहाली हो सके। उन्होंने दक्षिण एशियाई देशों में अमेरिका की सैन्य उपस्थिति घटाने की माँग की। उन्होंने कहा कि अमेरिका को स्वीकार करना चाहिए कि उत्तरी वियतनाम को दक्षिणी वियतनाम में पर्याप्त राजनीतिक समर्थन प्राप्त है। और अमेरिका को वार्त्ता के लिए वियतनाम में भविष्य की सरकार के गठन का मार्ग प्रशस्त करना चाहिए। किंग ने अमेरिकी सरकार से माँग की कि वह वियतनाम से अपनी सेना को हटाने की तारीख की घोषणा करे।

इस भाषण के बाद किंग सन् 1967 के शांति प्रदर्शन में शामिल हुए। इस प्रदर्शन में 1,00,000 से अधिक लोगों ने युद्ध का विरोध किया। किंग ने युवाओं से अनुरोध किया कि वे जागरूकता के साथ युद्ध का विरोध करें। किंग ने परमाणु परीक्षण पर प्रतिबंध लगाने की माँग की। उन्होंने निरस्त्रीकरण का

विरोध किया। उन्होंने बताया कि हिंसा का जवाब हिंसा से देने पर आत्मघाती परिणाम ही सामने आ सकता है। किंग ने कहा, "वियतनाम में बम धमाके करने से एक सुसभ्य अमेरिका की संभावनाओं को नष्ट कर किया गया है।" उन्होंने कहा कि हिंसा का जवाब हिंसा से देने से हमें दोहरी नागरिकता का सामना करना पड़ सकता है।

किंग के निर्भीक लेकिन विवादास्पद वक्तव्य के कारण समूचे अमेरिका में उनके प्रति समर्थन घट गया। नागरिक अधिकार आंदोलन के कई नेता किंग से इस बात पर नाराज हो गए कि उन्होंने युद्ध-विरोधी आंदोलन के साथ नागरिक अधिकार आंदोलन का घालमेल कर दिया था। एन.ए.ए.सी.पी. के राय विलकिंस, अबेन लीग, ह्विटनी यंग, अश्वेत सांसद एडम क्लेटन पॉवेल आदि ने उनकी आलोचना की। बेसबॉल खिलाड़ी और नागरिक अधिकार आंदोलन के नेता जैकी रोबिंसन ने किंग से अनुरोध किया कि वे रंगभेद मिटाने के लिए चलाए जा रहे आंदोलन को राजनीतिक मसले की वजह से कमजोर न करें और जब अधिकतर लोग युद्ध का समर्थन कर रहे हैं तो वे युद्ध का विरोध न करें।

'न्यूयॉर्क टाइम्स' और 'वॉशिंगटन पोस्ट' सहित विभिन्न पत्र-पत्रिकाओं ने किंग की आलोचना की। अचानक नोबेल शांति पुरस्कार विजेता, नैतिकता के प्रवक्ता, मानवाधिकारों के पक्षधर किंग पर चारों तरफ से हमले होने लगे। जो लोग पहले उनके आंदोलन की सराहना करते रहे थे, वही लोग उनकी निंदा करने लगे थे। वियतनाम में भले ही अमेरिका अपनी सारी ताकत झोंककर वांछित परिणाम हासिल करने में नाकाम रहा था, मगर देशवासी युद्ध को रोकना नहीं चाहते थे।

शुरू-शुरू में किंग के पिता ने भी अपने बेटे के विचारों का समर्थन नहीं किया; पर बाद में उन्हें भी यकीन हो गया कि उनका पुत्र सही बात कर रहा था। लेकिन शुरू से अंत तक किंग के कॉलेज के अध्यक्ष और उनके संरक्षक बेंजामिन मेज उनका समर्थन करते थे। उन्होंने कहा, "मैं नागरिक अधिकारों के उन नेताओं से सहमत नहीं हूँ, जो यह कहकर किंग की निंदा कर रहे हैं कि उन्हें सिर्फ नागरिक अधिकारों की चिंता करनी चाहिए और विदेश नीति के साथ नागरिक अधिकारों को नहीं जोड़ना चाहिए।"

सन् 1968 में राष्ट्रपति चुनाव करीब आने पर जॉनसन प्रशासन ने युद्ध को रोकने की जगह उसकी रफ्तार और बढ़ा दी। साल के आरंभ में उत्तरी वियतनामी सेना ने दक्षिणी वियतनाम पर विध्वंसक आक्रमण शुरू कर दिया।

टी.वी. के परदे पर दुनिया भर में लोग युद्ध की विभीषिका को देख रहे थे। नापाम बम बरसाए जाने से शहरों में तबाही का आलम नजर आ रहा था। लहूलुहान सैनिकों और नागरिकों को अस्पताल में भरती किया जा रहा था। ऐसा लग रहा था मानो मानवता कराह रही थी। युद्ध कभी खत्म होता हुआ दिखाई नहीं दे रहा था। सन् 1968 में अमेरिका के 5 लाख सैनिक वियतनाम में मौजूद थे। चार साल पहले अमेरिका ने हमले की शुरुआत की थी। हर सप्ताह दो सौ अमेरिकी सैनिकों और हजारों वियतनामी व्यक्तियों की मौत हो रही थी। किंग इस युद्ध को शर्मनाक और अनैतिक मानते थे।

ब्लैक पावर

सन् 1967 की गरमियों में वियतनाम युद्ध की विभीषिका जारी रहने के साथ ही किंग एक और बात को लेकर चिंतित हो उठे थे। नागरिक अधिकार आंदोलन से जुड़े मुद्दे को लेकर बढ़ती हिंसा की घटनाएँ अखबारों की सुर्खियों में नजर आ रही थीं। अमेरिका की मलिन बस्तियाँ सुलगने लगी थीं। नागरिक अधिकार आंदोलन को रंगभेद और बेरोजगारी के मसले को हल करने में काफी सफलता मिली थी और अश्वेत आबादी को लगने लगा था कि जल्द ही देश में उसे बराबरी के साथ जीने का अधिकार मिलने वाला था। लेकिन देश के उत्तर में अश्वेतों को आर्थिक अधिकार दिए जाने का प्रबल विरोध भी हो सकता था। इस बात की कल्पना किंग ने नहीं की थी। अमेरिका के टी.वी. के परदे पर मलिन बस्तियों के अश्वेत युवाओं और पुलिसकर्मियों की झड़पों के दृश्य नजर आने लगे थे। सन् 1967 में 75 शहरों में हिंसक टकराव हुए थे।

न्यूजर्सी के नेवार्क में हिंसा के दौरान 26 अश्वेतों की जानें गई थीं मिसिगन के डेट्राइट में हफ्ते-भर तक हिंसा जारी रही थी और 40 लोगों की मौत हुई थी। शहर के अश्वेतों के इलाके जलते रहे थे और चारों तरफ आग की लपटें नजर आती रही थीं। हिंसा को बेकाबू होते देख राष्ट्रपति जॉनसन ने मिसिगन के गवर्नर के अनुरोध पर 4,700 सैनिकों को नेवार्क में तैनात किया था।

किंग हिंसा की निंदा कर रहे थे; लेकिन वे सबसे अधिक उस सामाजिक व्यवस्था की निंदा कर रहे थे, जिसके तहत अमेरिकी अश्वेतों को पशुवत् जीवन गुजारना पड़ रहा था। उनका मानना था कि वैसी सामाजिक व्यवस्था की वजह से ही हिंसा की नौबत आई थी। सन् 1965 में दंगे के बाद किंग ने जब

वाट्स का दौरा किया तो उन्होंने बताया कि शहर के अधिकारी बेरोजगारों को रोजगार के अवसर देकर और बुनियादी सुविधाएँ मुहैया करा हिंसा को टाल सकते थे। किंग का मानना था कि अमेरिकी समाज में व्याप्त आर्थिक विषमता को खत्म करने पर ही मसले का स्थायी समाधान ढूँढ़ा जा सकता था।

अब अश्वेत नेता किंग की आलोचना कर रहे थे और आरोप लगा रहे थे कि उनके अहिंसक आंदोलन की वजह से ही दंगे फैल रहे थे। ये नेता 'ब्लैक पावर' का आह्वान कर रहे थे और अश्वेत जनता को सलाह दे रहे थे कि किसी भी हमले का जवाब हिंसक तरीके से देना सीख लें और चुपचाप अपने ऊपर होनेवाले हमले को बरदाश्त नहीं करें। अब तक किंग नागरिक अधिकार मसले पर काफी प्रगति हासिल कर चुके थे, मगर अब घृणा और भय के सामाजिक माहौल को नियंत्रित करना आसान नहीं लग रहा था। और ऐसा प्रतीत हो रहा था मानो अब तक उनका संघर्ष व्यर्थ ही चला जाएगा।

'ब्लैक पावर' के सिद्धांत की शुरुआत काफी पहले हुई थी। जब वर्ष 1920 के दशक में मार्क्स गार्वी ने अश्वेतों के लिए आंदोलन चलाया था। इस सिद्धांत को बाद में मैलकम एक्स ने भी अपनाया था। अश्वेतों की मर्यादा, सामुदायिक एकजुटता, आर्थिक स्वावलंबन और लक्ष्य हासिल करने के लिए बल-प्रयोग की बात इस सिद्धांत में कही गई थी। इस सिद्धांत के तहत श्वेतों की शक्ति संचालन के साथ किसी तरह के समझौते की बात से इनकार किया गया था। कुछ अश्वेत राष्ट्रवादी नेता अश्वेतों के लिए अलग राष्ट्र बनाने का सपना देखते हुए इस सिद्धांत का समर्थन कर रहे थे।

नागरिक अधिकारों को हासिल करने के लिए किंग के अहिंसक आंदोलन की मैलकम एक्स तीखी आलोचना कर रहे थे। नवंबर 1963 में डेट्रायट में आयोजित अश्वेत नेताओं के सम्मेलन में मैलकम एक्स ने कहा था कि अफ्रीकी-अमेरिकी जनता किंग के अहिंसक आंदोलन के जरिए कभी अपने लक्ष्य हासिल नहीं कर पाएगी। उन्होंने कहा कि अश्वेत और श्वेत के बीच सामंजस्य मुमकिन नहीं था। किंग मान रहे थे कि हिंसा का समर्थन करते हुए मैलकम अश्वेतों को गुमराह करने की कोशिश कर रहे थे।

ब्लैक पावर के एक और समर्थक स्टॉफली कार्मीवेल का मानना था कि जब तक श्वेत तंत्र अश्वेतों की पहचान का निर्धारण करता रहेगा तब तक अश्वेतों को श्वेतों की दया का मोहताज रहना पड़ेगा। स्टॉफली का कहना था, 'लोगों को यह बात समझनी होगी कि हम सामंजस्य कायम करने के लिए नहीं कह रहे हैं,

बल्कि हम श्वेतों के वर्चस्व के खिलाफ संघर्ष कर रहे हैं। श्वेतों के वर्चस्व को समझने से पहले हमें इस भ्रामक मत का खंडन करना होगा कि श्वेत समुदाय किसी दूसरे समुदाय को आजादी दे सकता है। मनुष्य स्वतंत्र रूप में पैदा होता है। किसी को पैदा होने के बाद ही गुलाम बनाया जा सकता है, जैसा कि इस देश में होता रहा है। यहाँ अश्वेतों को पैदा होने पर गुलाम बना दिया जाता है। श्वेत समुदाय अश्वेतों को आजादी नहीं दे सकता। किसी-न-किसी को विरोध का स्वर बुलंद करना ही होगा और कहना ही होगा कि यह देश कोई भगवान् नहीं है, जिसकी मरजी को पूरी दुनिया मानती रहेगी। हम अपनी आजादी की राह पर चल रहे हैं। हम श्वेतों के सामने गिड़गिड़ाते हुए थक चुके हैं। हमें अपनी आजादी खुद ही हासिल करनी होगी और इसके लिए हमें किसी से भीख माँगने की जरूरत नहीं है। सवाल है, क्या गोरे लोग रंगभेद को समाप्त करेंगे और इस देश में सभी को बराबरी के साथ जीने देंगे? अगर नहीं तो हमारे सामने स्पष्ट विकल्प है कि हम तुम्हारे साथ नहीं रहेंगे या तुम हमारे साथ नहीं रह पाओगे।''

कार्मीवेल का जन्म सन् 1941 में त्रिनीडाड के पोर्ट ऑफ स्पेन में हुआ था। वह अपने परिवार के साथ हारलेम आए थे और अमेरिका के नागरिक बन गए थे। वॉशिंगटन की हॉर्वर्ड यूनिवर्सिटी में उन्होंने शिक्षा पाई थी। वह नागरिक अधिकार आंदोलन के विविध क्षेत्रों में सक्रिय रूप से भागीदारी करते रहे थे। सन् 1961 में कार्मीवेल मिसीसिपी के जैक्सन में आयोजित एक फ्रीडम राइड में शामिल हुए। अलबानी के प्रदर्शनों में उन्होंने भागीदारी की और न्यूयॉर्क में अस्पताल कर्मियों की हड़ताल से भी जुड़े रहे। सन् 1964 में दर्शनशास्त्र से स्नातक की पढ़ाई पूरी करने के बाद कार्मीवेल एस.एन.सी.पी. से जुड़े और मिसीसिपी में मतदाता पंजीयन अभियान चलाने लगे। धीरे-धीरे उनकी विचारधारा उग्र होती गई और वह समन्वय के प्रयासों को संदेह की नजरों से देखने लगे। सन् 1965 में उन्होंने अलबामा में अश्वेतों के एक समूह की मदद 'ब्लैक पैंथर' पार्टी बनाने में की। मई 1966 में कार्मीवेल को एस.एन.सी.सी. का अध्यक्ष चुना गया। नेतृत्व में इस परिवर्तन के साथ एस.एन.सी.सी. ने किंग की हिंसक विचारधारा पर भरोसा करना छोड़ दिया।

सन् 1966 में मिसीसिपी में मेरडीथ की 'भय के विरुद्ध यात्रा' के दौरान कार्मीवेल किंग के सीधे संपर्क में आए। कार्मीवेल निजी तौर पर किंग के प्रशंसक थे। कार्मीवेल ने कहा, "लोग किंग से प्यार करते थे। मैंने दक्षिण के नगरों में लोगों को कहते सुना है कि किस तरह किंग को उन्होंने छुआ था। लोग

उन्हें ईश्वर की तरह मानते थे। वे आम लोग थे, जिनके लिए हम काम कर रहे हैं और हमें किंग का अनुसरण करना होगा। लोग नहीं जानते थे कि एस. एन.सी.सी. क्या है। वे यही कहते थे, 'आप किंग के आदमी हैं।' हाँ, मैडम हम उनके ही आदमी हैं।"

हालाँकि किंग और कार्मीवेल एक-दूसरे का आदर करते थे, लेकिन वैचारिक स्तर पर दोनों परस्पर विरोधी नजर आ रहे थे। किंग मानते थे कि एक हताश आदमी की कुंठा से ब्लैक पावर का विचार पैदा हुआ था। किंग मानते थे कि हिंसा का सहारा लेने पर मूल उद्देश्य को ही नुकसान पहुँचने वाला था।

वैसे आर्थिक और राजनीतिक शक्ति हासिल करने के लिए किंग ब्लैक पावर दर्शन को सकारात्मक मानते थे, मगर अश्वेतों को अलगाववाद के लिए प्रेरित करने के विचार पर उन्हें ऐतराज था, साथ ही इसमें जुड़े हिंसा के समर्थन को वे मानने के लिए तैयार नहीं थे।

निर्धनों के लिए संघर्ष

देशव्यापी दंगे, ब्लैक पावर आंदोलन के उत्थान और लंबा खिंचता हुआ वियतनाम युद्ध नागरिक अधिकार आंदोलन के नेताओं को परेशानी में डाल रहे थे। देश के संकट के समय किंग यही मानकर चल रहे थे कि कार्य को जारी रखना चाहिए और पहले की तुलना में अधिक मेहनत करनी चाहिए। किंग ने अपने समर्थकों से कहा कि वे एकजुट होकर देश के नेतृत्व पर दबाव डालें कि वे इनसाफ के हक में फैसले करें।

नवंबर 1967 में किंग अपने सहयोगियों के साथ नागरिक अधिकार संघर्ष के दूसरे चरण की तैयारी कर रहे थे। इस चरण में देश भर में व्याप्त आर्थिक विषमता और अश्वेतों की गरीबी को मुख्य मुद्दा माना गया था। किंग के नेतृत्व में चलाए गए आंदोलन के शुरुआती एक दशक में कानूनी और संवैधानिक अधिकार हासिल करने पर जोर दिया गया था, जिन-अधिकारों से अश्वेतों को सांस्थानिक और सामाजिक तरीके सें वंचित रखा गया था। किंग ने स्कूलों में अश्वेतों के साथ रंगभेद मिटाने, अश्वेतों को मताधिकार प्रदान करने और सार्वजनिक सेवाओं में रंगभेद मिटाने के लिए संघर्ष चलाया था। अब किंग चाहते थे कि देश के अल्पसंख्यकों को निर्धनता के दायरे से उबारने के लिए

संघर्ष किया जाए। अल्पसंख्यकों में अफ्रीकी अमेरिकी, इंडियन, यूरेटो रिकन्स और निर्धन गोरे लोग शामिल थे।

4 दिसंबर, 1967 को किंग ने अटलांटा में संवाददाता सम्मेलन आयोजित कर बताया कि एस.सी.एल.सी. ने 'गरीब जनता' के लिए आंदोलन शुरू करने का फैसला किया था। यह अब तक का सबसे कड़ा सविनय आंदोलन होने वाला था। गरीबों और वंचितों की आवाज वॉशिंगटन डी.सी. तक पहुँचाई जाने वाली थी और अमेरिकी सरकार से माँग की जाने वाली थी कि वह आर्थिक विषमता को दूर करने के लिए कदम उठाए और प्रत्येक व्यक्ति के लिए रोजगार सुनिश्चित करे। हम लोग राजधानी जाएँगे। हम अपनी माँगें रखेंगे और जब तक सरकार हमें जवाब नहीं देगी, हम अपनी जगह से हिलेंगे नहीं। अगर हमारे आंदोलन पर बल–प्रयोग किया जाएगा तो हम उसका सामना करेंगे, जैसा कि हम पहले भी करते रहे हैं। अगर इसके लिए हमें तकलीफ उठानी पड़ेगी, कुर्बानी देनी पड़ेगी, हम अभी से तैयार हैं।

किंग की योजना के अनुसार देश भर के नगरों और गाँवों में एस.सी.एल. सी. के सदस्य अलग–अलग समूह बनाकर वॉशिंगटन पहुँचकर अमेरिकी सरकार से विभिन्न सुधारों की माँग करने के लिए ज्ञापन देने वाले थे। किंग ने अपने समर्थकों से कहा कि वॉशिंगटन आंदोलनकारियों के साथ शत्रुतापूर्ण बरताव कर सकता था। शिकागो के मेयर जे. डाले की तरह राष्ट्रपति जॉनसन भी गरीबों के प्रति कठोर रवैया अपना सकते थे, जो गरीब अपने हालात को सुधारने के लिए सरकार पर दबाव डालने वाले थे।

सन् 1963 में वॉशिंगटन में मार्च निकाला गया था और लिंकन मेमोरियल में किंग ने जिस तरह यादगार भाषण दिया था, वैसा माहौल अब नहीं रह गया था। और इस बार सरकार तटस्थ नहीं रहने वाली थी। किंग ने इस तरह का अनुमान जताते हुए कहा कि 1,500 आंदोलनकारी वॉशिंगटन से तब तक नहीं हटेंगे, जब तक सरकार गरीबी और बेरोजगारी को मिटाने के लिए किसी ठोस नीति की घोषणा नहीं करेगी।

किंग ने कहा कि सेलमा के आंदोलन के बाद ही सरकार ने अश्वेतों को मताधिकार दिया था, बर्मिंघम के आंदोलन के बाद ही सार्वजनिक सेवाओं से सरकार ने रंगभेद को खत्म किया था। उनका आह्वान सिर्फ अश्वेत नागरिकों के लिए नहीं था, बल्कि अमेरिका के समस्त गरीबों के लिए था, जिनमें गोरे, इंडियन, मेक्सिकन अमेरिकी, पुर्तो रिकन्स और अन्य समुदाय के लोग शामिल

थे। किंग मानते थे कि जिस हताशा के चलते लोग विभिन्न शहरों में दंगे कर रहे थे, उसी हताशा को ऊर्जा बनाकर लोग सरकार पर दबाव बना सकते थे कि वह आर्थिक विषमता और भेदभाव का समाधान करे। आंदोलनकारी 'आर्थिक अधिकार कानून' की माँग करने वाले थे, जिसके तहत प्रत्येक व्यक्ति के लिए रोजगार के अधिकार को सुनिश्चित किया जा सकता था, असहायों के लिए आर्थिक सहायता सुनिश्चित की जा सकती थी, कम लागतवाले घरों का निर्माण किया जा सकता था और आवाज के मामले में भेदभाव को समाप्त किया जा सकता था।

किंग ने जैसी आशंका व्यक्त की थी, उसी तरह गरीबों के आंदोलन के प्रस्ताव पर सरकार और राजनेताओं ने तीखी प्रतिक्रिया जाहिर की थी। वॉशिंगटन में कोई नहीं चाहता था कि शहर में आंदोलनकारियों की भीड़ इकट्ठी हो; क्योंकि इस तरह अराजकता, हिंसा और तोड़-फोड़ की घटना हो सकती थी। सरकारी अधिकारियों और मीडिया ने इस प्रस्ताव का खुलकर विरोध जताया था। पश्चिमी वर्जीनिया के सांसद रॉबर्ट बर्ड ने कहा कि किंग आत्म-प्रचार के भूखे थे और अशांति फैलाने की कोशिश कर रहे थे। बर्ड ने आरोप लगाया था कि किंग रक्तपात करवाना चाहते थे और सरकार को बड़े पैमाने पर नुकसान पहुँचाने की साजिश रच रहे थे।

किंग गरीबों के आंदोलन को आगे बढ़ाने की तैयारी में जुटे थे। उसी समय उनका ध्यान अश्वेत मजदूरों के संघर्ष की तरफ आकर्षित हुआ था। टेनिसी के मेंफिस शहर में अश्वेत सफाई कर्मचारी एकजुट होकर हड़ताल कर रहे थे। वे बेहतर कार्य के माहौल और तनख्वाह के लिए यूनियन बनाकर संघर्ष कर रहे थे।

इस हड़ताल के दौरान दो सफाई कर्मचारियों की मौत हो चुकी थी। बारिश या तूफान के मौसम में, मेंफिस में अश्वेत सफाई कर्मचारियों को किसी भवन पर या कूड़े ढोनेवाले ट्रक तक में शरण लेने की इजाजत नहीं मिली हुई थी। वे ट्रकों के नीचे बैठकर अपना बचाव कर सकते थे। एक त्रासद घटना में दो सफाई कर्मचारियों को ट्रक ने बारिश के दौरान कुचल दिया था। इस घटना के बाद जनता का ध्यान सफाई कर्मचारियों की शोचनीय स्थिति की तरफ आकर्षित हुआ था। न तो उन्हें किसी तरह की सुरक्षा मिली हुई थी, न ही उन्हें मेहनत के आधार पर उचित वेतन दिया जा रहा था। यूनियन बनाकर सफाई कर्मचारी अपने हालात में सुधार करने की माँग कर रहे थे।

मेंफिस के नवनिर्वाचित मेयर हैरी लोबे ने सफाई कर्मचारियों से किसी तरह की बातचीत करने से इनकार कर दिया था और काम पर नहीं लौटने पर सभी सफाई कर्मचारियों को नौकरी से निकाल देने की धमकी दी थी। फरवरी के आरंभ में केवल एक-चौथाई सफाई कर्मचारी काम कर रहे थे और कूड़ों को हटाने के लिए ठेके के मजदूरों की सेवा ली जा रही थी।

जब नागरिक अधिकारों से जुड़े संगठनों और श्रमिक नेताओं ने किंग के संगठन से मदद माँगी तब किंग ने मामले में हस्तक्षेप करने का फैसला किया। एंड्यू यंग सहित उनके कई सहयोगियों ने उनसे कहा कि मेंफिस की यात्रा करने से निर्धनों के लिए प्रस्तावित आंदोलन प्रभावित हो सकता था। मगर किंग मेंफिस के निर्बल समुदाय की जरूरत के वक्त पीठ फेरना उचित नहीं समझ रहे थे।

28 मार्च को किंग लगभग 200 पादरियों के साथ एक बार फिर आर्थिक और जातीय न्याय के पक्ष में मेंफिस की सड़कों पर विरोध प्रदर्शन का नेतृत्व कर रहे थे। आंदोलनकारियों पर पुलिस ने डंडे बरसाए, आँसू गैस छोड़े और गोलियाँ चलाईं। गोली लगने से 16 वर्षीय एक किशोर की मौत हो गई। खिड़कियाँ तोड़ने और दुकानें लूटने के आरोप में 300 आंदोलनकारियों को गिरफ्तार कर लिया गया। 60 व्यक्ति बुरी तरह घायत हुए। शहर में नेशनल गार्ड्स को तैनात किया गया और कर्फ्यू लागू कर दिया गया। मेंफिस सुलग रहा था।

कुछ समय के लिए अटलांटा आने के बाद किंग मेंफिस लौट गए, जहाँ वे मसले को हल करने के लिए सरकार और हड़तालकर्मियों के बीच बातचीत करवाना चाहते थे और 5 अप्रैल को निकाले जानेवाले एक और जुलूस की तैयारी करना चाहते थे। किंग एक सस्ते दोमंजिला होटल में ठहरे थे। सन् 1920 में इस होटल का निर्माण किया गया था, तब इसका नाम 'विंडसर' था। यह एकमात्र होटल मुख्य शहरी इलाके में स्थित था, जहाँ अश्वेतों को ठहरने दिया जाता था। अब इसका नाम 'लोराइन' रख दिया गया था। किंग कमरा नं. 306 में ठहरे थे।

□

मेंफिस में शहादत

3 अप्रैल, 1968 की शाम किंग मेंफिस के मेसोनिक टेंपल में आयोजित सभा को संबोधित कर रहे थे। मेंफिस नगर प्रशासन ने किंग पर दूसरा जुलूस निकालने पर प्रतिबंध लगाने की घोषणा कर दी थी। इस अवसर पर किंग ने असामान्य किस्म का भाषण दिया। उनका भाषण प्रेरक और बेबाक था, मगर उनके लहजे में दर्द का भाव छिपा हुआ था। उन्होंने कहा कि किस तरह लोग निजी खुशियों को न्योछावर कर आंदोलन में उनका साथ देते रहते थे, किस तरह उन्होंने साहसपूर्वक तमाम बाधाओं का सामना किया था और कैसी कठिन चुनौतियाँ भविष्य में उनका इंतजार कर रही थीं।

उन्होंने अपने समर्थकों से आह्वान किया कि चाहे जितनी भी बाधाएँ सामने क्यों न आएँ, उन्हें सामाजिक समानता हासिल करने के लिए एकजुट रहना चाहिए। "हमारे सामने कुछ कठिनाइयों से भरे हुए दिन हैं।" किंग ने उमड़ी हुई भीड़ को संबोधित करते हुए कहा, "लेकिन इस बात से मुझे कोई फर्क नहीं पड़ता, क्योंकि मैं पर्वत की चोटी पर पहुँच चुका हूँ। मैं यहाँ से लक्ष्य स्थान को देख रहा हूँ। हो सकता है कि मैं आप लोगों के साथ वहाँ पहुँच नहीं पाऊँ। लेकिन आज की रात मैं आप लोगों को बताना चाहता हूँ कि हम लोगों को वह लक्ष्य स्थान अवश्य मिलेगा।"

और फिर भावुकता के साथ सिर उठाकर किंग ने कहा, "लेकिन इससे मुझे अब कोई फर्क नहीं पड़ता, क्योंकि मैं पर्वत की चोटी पर पहुँच चुका हूँ, और मैं चिंता नहीं करता। दूसरों की तरह मैं भी एक लंबी जिंदगी गुजारना पसंद करूँगा। दीर्घ जीवन का अपना अलग महत्त्व होता है, लेकिन अभी मैं इस बात के बारे में सोचना नहीं चाहता। मैं केवल ईश्वर की मरजी का पालन करना चाहता हूँ। और उसी ने मुझे पर्वत की चोटी तक पहुँचने की इजाजत दी है। और मैंने अच्छी तरह देखा है। मैंने स्पष्ट रूप से लक्ष्य स्थान को देख लिया है। हो सकता है, मैं वहाँ आप लोगों के साथ पहुँच नहीं पाऊँ। लेकिन आज की रात मैं आप लोगों से बहुत खुश हूँ। मुझे किसी बात की चिंता नहीं है। मैं किसी व्यक्ति से डर नहीं रहा हूँ। मेरी आँखों ने ईश्वर की रोशनी का दर्शन कर लिया है।"

अगली सुबह किंग और उनके सहयोगियों को खुशखबरी मिली कि नगर प्रशासन ने जुलूस पर लगाए गए प्रतिबंध को वापस ले लिया था। दोपहर में जुलूस के आयोजकों से मुलाकात करने के लिए लोराइन होटल में जाने की तैयारी करते हुए किंग अपने कमरे से निकलकर बालकनी में आ गए। जेसी जैक्सन नीचे पार्किंग स्थल पर खड़े थे। किंग और जैक्सन के बीच कुछ शब्दों का आदान-प्रदान हुआ।

और तभी राइफल से गोलियाँ चलाने की आवाज सुनाई पड़ी। गोलियाँ किंग के चेहरे और गरदन पर लगीं। किंग बालकनी की फर्श पर लुढ़क गए। एंड्रयू यंग, रेवरेंड सैमुअल कायल्स और दूसरे सहयोगी दौड़ते हुए किंग के पास पहुँचे। किंग के करीबी साथी रॉल्फ आबरनाथी ने उन्हें सहारा दिया। फर्श पर चारों तरफ खून फैल गया था।

मेंफिस के मान्यूमेंटल बैपटिस्ट चर्च के पेस्टर और अधिकार आंदोलन के कार्यकर्ता कायल्स 'लोराइन' होटल के कमरे में किंग के जीवन की आखिरी घड़ियों में किंग और आबरनाथी के साथ मौजूद थे। कायल्स ने जुलूस की तैयारियों में सहयोग किया था और वे सफाई कर्मचारियों की हड़ताल से शुरू से ही जुड़े हुए थे। उस शाम किंग कायल्स के घर में आयोजित होनेवाले रात्रि भोज में जैक्सन के साथ शामिल होने वाले थे।

"लगभग छह बजे हम लोग कमरे से निकलकर बालकनी में आ गए।" कायल्स ने घटनाक्रम को याद करते हुए बताया, "किंग उन लोगों के अभिवादन को स्वीकार कर रहे थे, जिन लोगों से वे मिल नहीं पाए थे।" किसी ने कहा

था, 'ठंड बढ़ रही है, कोट पहन लीजिए।' वे कमरे में वापस नहीं लौटे। वे दरवाजे के पास गए और बोले, 'रॉल्फ, मेरा कोट देना।' रॉल्फ कमरे में शेव बनाने के लिए चेहरे पर क्रीम लगा रहे थे। उन्होंने कहा, 'मैं लेकर आ रहा हूँ।' किंग फिर बालकनी की रेलिंग के पास चले गए और लोगों के अभिवादन का जवाब देने लगे। उन्होंने जेसी जैक्सन से कुछ कहा और दूसरे लोगों से भी एकाध बातें कहीं। हम एक साथ खड़े थे। मैंने कहा, 'चलिए, हमें चलना चाहिए।'

उस दिन के बाद कायल्स विचार करते रहे कि उस समय वे क्यों किंग के साथ मौजूद थे। वे इस निष्कर्ष पर पहुँचे कि घटना का साक्षी बनने के लिए ही ईश्वर ने उन्हें वहाँ भेज दिया था। कायल्स ने कहा, "मार्टिन लूथर किंग जूनियर की मौत किसी निरर्थक परिस्थिति में नहीं हुई। उन्होंने नींद की ज्यादा गोलियाँ नहीं खाईं। उन्हें किसी ईर्ष्यालु प्रेमी की गोली का शिकार नहीं होना पड़ा। वे सफाई कर्मचारियों की मदद करने की कोशिश करते हुए मारे गए।"

कायल्स ने इस बात का भी उल्लेख किया कि किंग ने कई बार कहा भी था कि वे चालीस साल की उम्र तक जिंदा नहीं रह सकेंगे। जिस दिन हत्यारे की गोलियों से उनकी मौत मेंफिस में हुई, उस दिन उनकी उम्र महज 39 साल थी।

मेंफिस में गोली लगने के बाद मूर्च्छित मार्टिन

अपनी मृत्यु से कुछ महीने पहले जनवरी 1968 में कानसस स्टेट यूनिवर्सिटी में एक सभा को संबोधित करते हुए किंग ने नागरिक अधिकार आंदोलन का गर्व के साथ पुनरावलोकन किया था–जिस आंदोलन में हजारों लोगों ने भागीदारी की थी, शहर-दर-शहर इस आंदोलन के साथ जुड़ते चले गए थे, जुलूसों का सिलसिला चलता रहा था। इतने सारे लोगों ने मानसिक और आर्थिक बाधाओं को लाँघकर परिवर्तन के लिए शुरू किए गए जन-आंदोलन को उत्कर्ष तक पहुँचाया था। स्कूली कक्षाओं या बसों में श्वेतों के साथ बैठने का अधिकार अश्वेतों को आसानी से हासिल नहीं हो पाया था। किंग ने कहा था कि इस आंदोलन की सफलता से साबित हो गया था कि समाज व्यवस्था के तहत अश्वेतों के लिए बराबरी का अधिकार हासिल करना मुमकिन था। हर तरह के अन्याय से छुटकारा पाने के लिए जी-जान से संघर्ष करने की जरूरत थी और ऐसा तभी संभव हो सकता था, जब लोगों की एकता कायम रहती। हाल के महीनों की असफलताओं और निराशा के अवसरों के बावजूद किंग को पूरा विश्वास था कि अंतिम जीत उन्हें ही हासिल होने वाली थी।

अपने जीवन के अंतिम दिनों में किंग अश्वेत सफाई कर्मचारियों के 'आई एम ए मैन' शीर्षक आंदोलन में शरीक हो गए थे और उनके विरोध प्रदर्शन को वे सही दिशा में मोड़ने की कोशिश कर रहे थे। उनके सामने राष्ट्रीय स्तर पर निर्धन जनता के लिए शुरू किए जानेवाले आंदोलन का लक्ष्य था। उन्हें सफाई कर्मचारियों के आंदोलन में प्रस्तावित राष्ट्रीय आंदोलन की झलक दिखाई दे रही थी, चूँकि इस आंदोलन में भी निर्धनतम लोग बुनियादी चीजों के लिए जी-जान से संघर्ष कर रहे थे और व्यवस्था से अपना हक माँग रहे थे।

किंग की व्यापक योजना के परिप्रेक्ष्य में मेंफिस के आंदोलन को अलग-थलग नहीं माना जा सकता था। किंग मानते थे कि व्यवस्था परिवर्तन की दिशा में सफाई कर्मचारियों की हड़ताल आंरभिक कदम हो सकती थी, उसी राह पर चलते हुए गरीबी के अँधेरे में जी रहे मलिन बस्तियों के निवासियों के लिए रोजगार-सृजन का संघर्ष आगे बढ़ाया जा सकता था।

मेंफिस के सफाई कर्मचारियों की आखिरकार जीत हुई। किंग की शहादत ने रंगभेद समर्थक मेयर को हड़तालकर्मियों से समझौता करने के लिए मजबूर कर दिया। इस समझौते से मेंफिस में रह रहे मध्य वर्ग के अश्वेतों को फायदा पहुँचा।

हाल के दिनों में मेंफ़िस के एक सफाई कर्मचारी रेलर रोजर्स ने कहा, "सिटी हॉल अश्वेतों से भरा हुआ है। मेयर के पद पर भी अश्वेत व्यक्ति हैं। संगठित अश्वेत कार्यकर्ता हैं, जिनके वोटों से अश्वेत प्रतिनिधि चुने जाते हैं। शहरों और गाँवों में अश्वेत नौकरी कर रहे हैं। वे छोटे से लेकर बड़े पदों तक काम कर रहे हैं। अश्वेतों को आज ऐसी कामयाबी नहीं मिली होती, अगर किंग यहाँ आकर अपनी जान नहीं देते।"

मेंफिस की हड़ताल की सफलता के बाद सरकारी नौकरियों के गरीब कर्मचारियों ने देश-भर में यूनियनें बनाईं और ऐसी यूनियनें लगातार शक्तिशाली होती गईं।

किंग की हत्या की खबर अमेरिका के साथ दुनिया भर में तुरंत फैल गई। इसके साथ ही अमेरिका में चारों तरफ आग की लपटें नजर आने लगीं। देश के 125 स्थानों में दंगा फैल गया। हिंसा की आग में शहर जलने लगे। चिंतित होकर राष्ट्रपति जॉनसन ने हालात सँभालने के लिए कई शहरों में सेना को तैनात किया। हिंसा के दौरान लगभग 50 व्यक्तियों की मौत हो गई। प्रतिशोध के लिए हो रही हिंसा रुकने का नाम नहीं ले रही थी। कैसी अजीब विडंबना थी, जिस व्यक्ति ने आजीवन लोगों को अहिंसा का पाठ सिखाया था उसकी हत्या ने लोगों को हिंसा करने के लिए प्रेरित कर दिया था। किंग ने कभी भी हिंसा का समर्थन नहीं किया था।

धीरे-धीरे अराजकता शांत होती गई, मानो लोगों का गुस्सा पूरी तरह निकल चुका था। पूरा देश मातम मनाने लगा। शोकसभाओं और शांति जुलूसों का आयोजन शुरू हो गया। किंग के सम्मान में सारे प्रतिष्ठानों को एक दिन के लिए बंद रखा गया। 8 अप्रैल को शोक-संतप्त रेवरेंड रॉल्फ आबरनाथी को किंग के उत्तराधिकारी के रूप में एस.सी.एल.सी. के सम्मान में और सफाई कर्मचारियों की सहायता के लिए जुलूस निकाला, जिसमें फोटेरा और किंग व किंग के परिवार के दूसरे सदस्य भी शामिल हुए।

9 अप्रैल को एबेनेजर बैपटिस्ट चर्च में किंग के पिता और उनके परिवार के प्रति सांत्वना व्यक्त करने के लिए देश के कई राजनेता और जननेता उपस्थित हुए थे। सभी किंग के प्रति श्रद्धांजलि व्यक्त कर रहे थे। हजारों लोग चर्च के बाहर खड़े होकर रो रहे थे।

किंग के शव को ताबूत में रखकर 3 मील की दूरी तय कर अटलांटा में स्थित साउथव्यू कब्रगाह में दफनाया गया। मोरे हाउस कॉलेज के अध्यक्ष

बेंजामिन मेज 70 वर्ष के थे। किंग के साथ उनका समझौता हुआ था कि दोनों में से जो जीवित बचा रहेगा, वह मरनेवाले का अंतिम संस्कार संपन्न करेगा। मेज ने उदास होकर उस संस्कार को संपन्न किया। उम्र में मेज अपने पूर्व छात्र से 30 वर्ष बड़े थे।

शोक-संतप्त भीड़ को संबोधित करते हुए मेज ने कहा, "जो लोग हिंसा का समर्थन करते हैं, किंग उनकी तुलना में अधिक साहसी थे। उन्होंने पुलिस, जेल, निंदा और अंततः मृत्यु का सामना किया। वे अपनी सुरक्षा के लिए कभी बंदूक तो क्या एक चाकू तक अपने साथ लेकर नहीं चलते थे। उन्हें ईश्वर पर पूरा विश्वास था। अगर अमेरिका को पूर्वग्रहों और अन्यायपूर्ण नीतियों से मुक्त करने के लिए उनके जीवन का बलिदान देना जरूरी था तो इससे अधिक तकलीफ की बात और कुछ नहीं हो सकती।"

हत्यारे की तलाश अंतरराष्ट्रीय स्तर पर शुरू हो गई और इस सिलसिले में रंगभेद समर्थक गोरे व्यक्ति जेम्स अर्ल रे को गिरफ्तार कर लिया गया, जो हत्याकांड के बाद भागकर इंग्लैंड चला गया था। टेनीसी अदालत के सामने मृत्युदंड की सजा के बदले आजीवन कारावास दिए जाने का आश्वासन पाने के बाद जेम्स ने हत्या का जुर्म कबूल कर लिया। कई वर्ष गुजर जाने के बाद जेम्स ने सजा माफी के लिए कानूनी लड़ाई शुरू कर दी। उसने कहना शुरू कर दिया कि किंग की हत्या के पीछे गहरी साजिश थी। सन् 1998 में जेम्स की मृत्यु के समय तक किंग के कई परिजनों ने भी नए सिरे से मामले की सुनवाई करने के प्रस्ताव का समर्थन किया था। किंग के पुत्र डेक्स्टर स्कॉट किंग ने सार्वजनिक रूप से कहा भी कि जेम्स निर्दोष था। सन् 1963 में राष्ट्रपति केनेडी की हत्या की तरह किंग की हत्या की साजिश को लेकर अलग-अलग तरह की कहानियाँ प्रचलित रही हैं।

किंग का दर्शन

1962 में रॉल्फ कनेक्टीकर के ट्रिनिटी कॉलेज में छात्र थे। नागरिक अधिकार आंदोलन से प्रभावित होकर एलेन ने अपने कुछ साथियों के साथ अलबानी जाकर मतदाता पंजीयन अभियान में मदद करने का फैसला किया। वहाँ पहुँचकर स्थानीय कार्यकर्ताओं और किंग के संगठन के सदस्यों के साथ

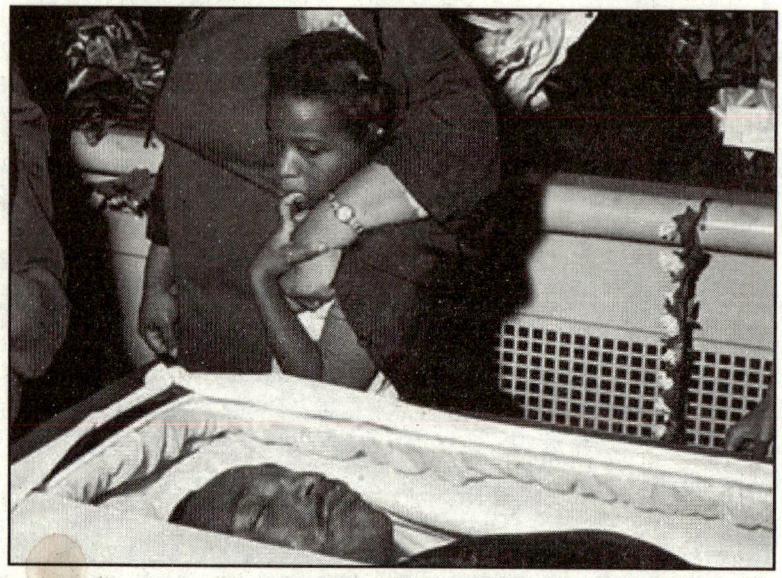

चिरनिद्रा में सोए मार्टिन

मिलकर उन्होंने प्रचार कार्य शुरू कर दिया और मतदाता पंजीयन के संबंध में लोगों को जागरूक बनाने के लिए बैठकों का आयोजन करने लगे।

गरमी के मौसम में एलेन की मुलाकात किंग, एंड्रयू यंग, स्टॉकली कार्मीकेल, जेम्स फामेर और अन्य अग्रणी जननेताओं से हुई। एलेन और उनके साथी प्रदर्शन व जुलूस में शामिल होने की जगह मतदाता पंजीयन अभियान पर अपना ध्यान केंद्रित कर रहे थे। कई बार पुलिस ने उन्हें गिरफ्तार भी किया था।

ओलिप बैपटिस्ट चर्च में साप्ताहिक बैठक आयोजित होती थी, जिसमें मतदाता पंजीयन अभियान के विविध पहलुओं पर चर्चा होती थी। इस अवसर पर प्रार्थना की जाती थी। जुलाई के मध्यम में ऐसी ही बैठक में शेरिफ जेफ टी. मैथ्यू 15-20 श्वेत अधिकारियों के साथ पहुँच गया। शेरीफ एक-एक कार्यकर्ता को धमकाते हुए पूछताछ करने लगा। समूह के नेता लूसियन होलोपे सहित कोई भी अश्वेत व्यक्ति वोट देने में दिलचस्पी नहीं रखता था; मगर बाहर से आए आंदोलनकारियों ने उन लोगों का दिमाग खराब कर दिया था।

अगस्त के अंत में ओलिप चर्च पर रविवार की सुबह बम से हमला किया गया। नागरिक अधिकार आंदोलन मे नेताओं ने किंग को सूचना भेजी,

जो उस समय अटलांटा में थे और एबेनेजर में सुबह ही प्रवचन देने की तैयारी पर रहे थे। वे उसी समय अपने साथियों के साथ अलबानी की तरफ रवाना हो गए थे, जहाँ चर्च पर बम से हमला किया गया था।

एलेन ने याद किया कि किंग किस तरह लोगों को अपनापन और स्नेह बाँटते थे। वे हमेशा ऐसा व्यवहार करते थे मानो सभी एक ही परिवार के सदस्य हों। सभी पास ही स्थित कपास के खेत के पास खुली जगह में एकत्रित हो गए, जहाँ किंग ने घोषणा की, "हम लोग नए सिरे से चर्च का निर्माण करें।" एलेन ने कहा कि सभी ने प्रार्थना की और मिलकर स्वतंत्रता का गीत गाया। अंत में हम लोग वृत्त बनाकर एक-दूसरे का हाथ थामकर खड़े हो गए और गाने लगे- "वी शैल ओवरकम"।"

"दक्षिण-पश्चिम जार्जिया में इस अनुष्ठान के अंत में सभी यही गीत गाते थे और किसी को दिल की बात कहनी होती थी तो वह खुलकर कहता था। मेरे मित्र क्रिस पॉटर का कहना था कि सच्चा मित्र वह होता है जिसे आप देर से पुकार सकते हैं, मगर वह जल्दी पहुँच जाता है। किंग उसी तरह के सच्चे मित्र थे। उनकी इस विशेषता के बारे में चर्चा करना चाहता हूँ। वे जहाँ एक दूरद्रष्टा थे, वहीं प्रभावशाली लेखक और वक्ता भी थे। उनमें इतना अधिक साहस था कि हमेशा सिर पर मौत का साया मँडराते रहने पर भी हँसी-मजाक करते रहते थे। वे अपने समुदाय के जिन लोगों को जानते भी नहीं थे, उनकी सहायता के लिए तुरंत पहुँच जाते थे।"

मित्र, नेता और सही अर्थों में एक प्रतीक के रूप में मार्टिन लूथर किंग जूनियर एक प्रभावशाली उपदेशक थे। उनकी जड़ें प्रतिभा और दुनिया को देखने का उनका नजरिया बचपन के पारिवारिक, मौलिक और अफ्रीकी-अमेरिकी पादरियों की संगति में विकसित हुआ था। बचपन में एबेनेजर और दूसरे चर्चों में उपदेशकों के प्रवचन को सुनकर उन्होंने अपनी मेधा शक्ति का विकास किया था। जीवन के आरंभिक वर्षों में भले ही धार्मिक आस्थाओं और अनुष्ठानों के प्रति उनका मन शंकालु हुआ था, लेकिन जीवन भर वे एक धर्मोपदेशक बन रहे थे और उन्हें हताशा के अँधेरे में संभावनाओं की किरण दिखाई देती थी तथा अन्यायपूर्ण जगत् में भी न्याय की उम्मीद दिखाई देती थी।

सन् 1963 में लिंकन मेमोरियल में दिए गए अपने ऐतिहासिक भाषण में किंग ने धार्मिक मान्यताओं के साथ राष्ट्रीय लामबंदी के आह्वान का

समन्वय करके दिखलाया था। अपने भाषण के बीच में उन्होंने लिखित भाषण के पन्नों को एक तरफ रखकर किंग ने हजारों श्रोताओं की तरफ देखा था और अपने दृष्टिकोण के बारे में बताना शुरू कर दिया था। उनका दृष्टिकोण धर्मग्रंथों से प्रेरित था। ईश्वर की संतान अश्वेत और श्वेत, अमीर और गरीब-जहाँ एक-दूसरे को आदर और प्रेम भरी नजरों से देखे। उन्होंने एक ऐसे समाज के सपने के बारे में बताया था। यह सपना भले ही आसानी से साकार होने वाला नहीं था, मगर इसका गहरा प्रभाव जनमानस पर पड़ा था। □

मार्टिन लूथर किंग के जीवन की महत्त्वपूर्ण तिथियाँ

15 जनवरी, 1929 :	माइकल किंग जूनियर का जन्म अटलांटा, जार्जिया में हुआ। पिता माइकल थे और माता अल्बर्टा किंग। बालक को बाद में एम.एल. किंग के नाम से पुकारा गया और फिर मार्टिन लूथर किंग जूनियर के नाम से पुकारा गया।
1944 :	ग्यारहवीं की पढ़ाई बुकर टी. वॉशिंगटन हाई स्कूल में पूरी की और 15 साल की उम्र में अटलांटा के मोरे हाउस कॉलेज में दाखिला लिया।
25 फरवरी, 1948 :	19 वर्ष की आयु में बैपटिस्ट मिनिस्ट्री में आमंत्रित और एबेनेजर बैपटिस्ट चर्च में सहायक पेस्टर के रूप में नियुक्ति।
8 जून, 1948 :	मोरे हाउस कॉलेज से समाज-शास्त्र में स्नातक की पढ़ाई पूरी की।
14 सितंबर, 1948 :	पेनसिल्वेनिया के चेस्टर में स्थित फ्रोजर थियोलॉजिकल सेमिनरी में दाखिला।
मई 1951 :	फ्रोजर से बैचलर ऑफ डिविनिटी की डिग्री हासिल

की।

सितंबर 1951 : बोस्टन विश्वविद्यालय में स्नातक के छात्र के रूप में प्रणालीबद्ध थियोलॉजी का अध्ययन आरंभ किया।

18 जून, 1953 : फोरेटा स्कॉट के साथ मेरियन, अलबामा में स्थित उनके पैतृक आवास में विवाह।

1954 : मोंटगोमरी, अलबामा के डेक्स्टर एवेन्यू बैपटिस्ट चर्च के पेस्टर नियुक्त हुए।

5 जून, 1955 : बोस्टन विश्वविद्यालय, बोस्टन से दर्शन-शास्त्र में डॉक्टरेट।

17 नवंबर, 1955 : किंग की प्रथम संतान योलांडा डेनिस का जन्म।

1 दिसंबर, 1955 : रोजा पार्क्स नामक एक अश्वेत बस यात्री को मोंटगोमरी, अलबामा में बस में श्वेत व्यक्ति के लिए सीट खाली नहीं करने पर स्थानीय विशेषाधिकार नियमों के उल्लंघन के आरोप में गिरफ्तार किया गया।

5दिसंबर, 1955 : अश्वेतों ने बस बहिष्कार अभियान शुरू किया और इस अभियान को चलाने के लिए गठित संस्था मोंटगोमरी इंप्रूवमेंट एसोसिएशन का अध्यक्ष किंग को बनाया गया।

13 नवंबर, 1956 : अमेरिकी सुप्रीम कोर्ट ने फैसला सुनाया कि बसों में किसी समुदाय विशेष को विशेषाधिकार प्रदान करना गैर-कानूनी था।

21 दिसंबर, 1956 : मोंटगोमरी में सभी यात्रियों के लिए भेदभाव समाप्त करते हुए समानता का नियम लागू किया गया।

जनवरी, 1957 : भेदभाव के खिलाफ लड़ने और नागरिक अधिकारों की बहाली करने के लिए साउथर्न क्रिश्चियन लीडरशिप कॉन्फ्रेंस (एस.सी.एल.सी.) का गठन किया और इसके अध्यक्ष बने।

17 मई, 1957 : वॉशिंगटन, डी.सी. में 15,000 व्यक्तियों की भीड़ को संबोधित किया।

23 अक्तूबर, 1957 : दूसरी संतान मार्टिन लूथर किंग III का जन्म।

23 जून, 1958 : राष्ट्रपति ड्वाइट डी. आइजनहॉवर से मुलाकात।

फरवरी, 1959 : महात्मा गांधी के अहिंसा के सिद्धांत के अध्ययन के लिए एक महीने तक भारत की यात्रा की।

फरवरी 1960 : डेक्स्टर बैपटिस्ट चर्च से त्यागपत्र दिया और परिवार के साथ अटलांटा पहुँचकर अपने पिता के सहायक पेस्टर के रूप में एबेनेजर बैपटिस्ट चर्च में काम करने लगे तथा एस.सी.एल.सी. की गतिविधियाँ संचालित करने लगे।

1960 : ग्रींसबोरो, नॉर्थ कैरोलिना में लंच काउंटर धरना की शुरुआत।

19 अक्तूबर, 1960 : अटलांटा में धरने के दौरान गिरफ्तारी।

31 जनवरी, 1961 : तीसरी संतान डेक्स्टर का जन्म।

1961 : दक्षिण में बससेवा में भेदभाव के खिलाफ विरोध जताने के लिए कांग्रेस ऑन रेसियल इक्विलिटी (CORE) ने प्रथम 'फ्रीडम राइड' शुरू किया।

16 अक्टूबर, 1961 : नागरिक अधिकार आंदोलन के लिए समर्थन प्राप्त करने के उद्देश्य से राष्ट्रपति जॉन एफ.केनेडी से मुलाकात की।

27 जुलाई, 1962 : अलबानी, जॉर्जिया में विरोध आंदोलन के दौरान किंग की गिरफ्तारी हुई और उन्हें जेल भेज दिया गया।

28 मार्च, 1963 : चौथी संतान बर्निस अलबर्टीन का जन्म।

12 अप्रैल, 1963 : बर्मिंघम, अलबामा में इजाजत लिये बिना विरोध प्रदर्शन करने के आरोप में पुलिस कमिश्नर युगीन बुल कोनर ने गिरफ्तार किया। गिरफ्तारी के बाद उन्होंने 'बर्मिंघम जेल से एक पत्र' लिखा। किंग की गिरफ्तारी से बर्मिंघम में नस्लभेद-विरोधी आंदोलन तेज हो गया और आंदोलनकारियों को कुचलने के लिए दमन हिंसा की चर्चा दुनिया भर में होने लगी।

10 मई, 1963 : दुकानों, रेस्टोरेंटों और स्कूलों में नस्लभेद समाप्त करने के लिए बर्मिंघम में समझौता हुआ।

23 जून, 1963 : डेट्रायट, मिशिगन में 1,25,000 लोगों का नेतृत्व करते हुए 'स्वतंत्रता जुलूस' निकाला।

28 अगस्त, 1963 : रोजगार एवं स्वतंत्रता के लिए निकाले गए वॉशिंगटन जुलूस के मौके पर उन्होंने लिंकन मेमोरियल में 2.50 लाख लोगों को संबोधित करते हुए 'मेरा एक

	सपना है' शीर्षक भाषण दिया।
3 जनवरी, 1964 :	'टाइम' पत्रिका के आवरण पर वर्ष के सर्वश्रेष्ठ व्यक्ति के रूप में चित्र प्रकाशित।
2 जुलाई, 1964 :	ह्वाइट हाउस में नागरिक अधिकार अधिनियम 1964 पर दस्तखत के लिए आयोजित समारोह में शामिल हुए।
10 दिसंबर, 1964 :	35 वर्ष की आयु में नोबेल शांति पुरस्कार से सम्मानित। इतनी कम उम्र में यह सम्मान पाने वाले पहले व्यक्ति बने।
2 फरवरी, 1965 :	सेलमा, अलबामा में मताधिकार के लिए प्रदर्शन करते वक्त गिरफ्तारी।
22 जनवरी, 1966 :	निर्धनों की बदहाली की तरफ ध्यान आकर्षित करने के लिए शिकागो की झुग्गी-झोंपड़ियों में गए।
7 जून, 1966 :	जब नागरिक अधिकार आंदोलन के नेता जेम्स मेरडीथ को गोली मारकर घायल कर दिया गया तो मेरडीथ की 'भय के विरुद्ध मार्च' को मंजिल तक पहुचाने के लिए फ्लाइड मेफफिस्क और स्टॉकली कार्मीकेल के साथ रवाना हो गए। यह मार्च मेंफिस से जैक्सन मिसीसिपी तक निकाला गया था।
10 जुलाई, 1966 :	शिकागो के सोल्जर फील्ड में 50,000 से अधिक लोगों को संबोधित करने के बाद जुलूस का नेतृत्व करते हुए सिटी हॉल तक गए, जहाँ उन्होंने मेयर रिचर्ड जे. डेली के दरवाजे पर आवास, रोजगार एवं स्कूलों में नस्लभेद समाप्त करने संबंधी माँग-पत्र चिपकाया।
17-25 मार्च, 1967 :	मताधिकार की माँग करते हुए सेलमा से मोंटगोमरी तक मार्च का नेतृत्व किया।
4 अप्रैल, 1967 :	न्यूयॉर्क सिटी के रिवरसाइड चर्च में वियतनाम युद्ध के विरोध में भावनात्मक बयान दिया।
27 नवंबर, 1967 :	निर्धन जनता अभियान की शुरुआत की, जो सभी नस्लों के निर्धन लोगों के लिए रोजगार और स्वतंत्रता पर केंद्रित था।
28 मार्च, 1968 :	मेंफिस, टेनेसी में हड़ताल कर रहे सफाई कर्मचारियों

	का नेतृत्व करते हुए मार्च निकाला। मार्च के दौरान हिंसा फैल गई।
3 अप्रैल, 1968 :	मेसन टेंपल में सफाई कर्मचारियों के मार्च का नेतृत्व किया और अपने जीवन का अंतिम भाषण दिया।
4 अप्रैल, 1968 :	मेंफिस के लॉरेन मोरेल की बालकनी में जब खड़े थे, तभी गोली मारकर उनकी हत्या कर दी गई।
9 अप्रैल, 1968 :	अटलांटा में अंत्येष्टि।

□

संदर्भ ग्रंथ

- अबरनाथी, रॉल्फ, एंड द वॉल्स फेम टंबलिंग डाउन, न्यूयॉर्क : हार्पर एंड रो, 1989
- ब्रांच, टेलर, पार्टिंग, द वाटर्स : अमेरिका इन द किंग इयर्स, 1954-63, न्यूयॉर्क : टच स्टोन, 1988
- कारो, रॉबर्ट ए, मास्टर ऑफ द सीनेट, न्यूयॉर्क : अल्फ्रेड ए नोफ, 2002
- कारसन, क्लेबोर्न, संपादन द पेपर्स ऑफ मार्टिन लूथर किंग, जूनियर वोल्यूम 1, काल्ड टू सर्व, बर्कली : यूनिवर्सिटी ऑफ कैलिफोर्निया प्रेस, 1992
- ऑटोबायोग्राफी ऑफ मार्टिन लूथर किंग जूनियर, न्यूयॉर्क : वार्नर बुक्स, 1998
- डाइसन, माइकल एरीक, आई मे नोट गेट देयर विद यू : द ट्रू मार्टिन लूथर किंग जूनियर, न्यूयॉर्क : टचस्टोन 2000
- फ्रेंडी, मार्शल, मार्टिन लूथर किंग जूनियर, न्यूयॉर्क : विकिंग, पेंगुइन, 2002
- फ्री एट लॉस्ट : ए हिस्टरी ऑफ द सिविल राइट्स मूवमेंट एंड दोज हू डाइड इन द स्ट्रगल, मोंटगोमरी, आला : साउथर्न पॉवर्टी लॉ सेंटर, 2004
- गेरो, डेविड जे., बियरिंग द क्रॉस, न्यूयॉर्क : विलियम मोरो, 1986
- जॉर्डन, वर्नन ई., वर्नन कैन रीड : ए मेमोयर, न्यूयॉर्क : वेसिक बुक्स, 2001

- काशर, स्टीवन, द सिविल राइट्स, मूवमेंट : ए फोटोग्राफिक हिस्टरी, 1954-68, न्यूयॉर्क : एबेविले प्रेस, 1996
- किंग, फोरेटा स्कॉट, माई लाइफ विद मार्टिन लूथर किंग जूनियर, न्यूयॉर्क : होल्ट, टाइनहार्ट और विंसटन, 1969
- किंग, मार्टिन लूथर जूनियर, स्ट्राइड ट्रआर्ड फ्रीडम, न्यूयॉर्क : हार्पर एंड रो, 1958
- किंग, मार्टिन लूथर, सीनियर, क्लेटन टिली के साथ, डैडी किंग : एन ऑटोबायोग्राफी, न्यूयॉर्क : विलियम मोरो, 1980
- कोट्ज, निक, जजमेंट डेज : लिंडन वेंस जॉनसन, मार्टिन लूथर किंग जूनियर एंड द लॉज दैट चेंज्ड अमेरिका, बोस्टन : हाउटन मिफलीन, 2005
- लेवी, पीटर वी, संपादन डॉक्यूमेंटरी हिस्टरी ऑफ द मॉडर्न सिविल राइट्स मूवमेंट, वेस्टपोर्ट, कॉन : ग्रीनवुड प्रेस, 1992
- लेवीस, डेविड एल, किंग : ए क्रिटिकल बायोग्राफी, वेस्टपोर्ट, कॉन : पीगर, 1970
- मैक ह्वोटेट, डायन, कैरी मी होम, न्यूयॉर्क : सीमन एंड स्कस्टर, 2001
- माइटी टाइम्स : द लिजेसी ऑफ रोजा पार्क्स, टीचिंग टोवरेंट, साउथर्न पॉवर्टी लॉ सेंटर का एक प्रोजेक्ट, 2002
- ननेली, विलियम ए, बुक कॉर्नर, ट्रस्कालुजा : यूनिवर्सिटी ऑफ अलबामा प्रेस, 1991
- ओट्स, स्टीफन बी, लेट द ट्रंपेट साउंड : द लाइफ ऑफ मार्टिन लूथर किंग जूनियर, न्यूयॉर्क : न्यू अमेरिकन लाइब्रेरी, 1982
- रोजनबर्ग, जोनाथन और जचारी काराबेल, केनेडी जॉनसन एंड द क्वेस्ट फॉर जस्टिस : द सिविल राइट्स टेप्स, न्यूयॉर्क : डब्ल्यू.डब्ल्यू. नोर्टन, 2003
- विलकिंस, रोजर, ए मैंस लाइफ : एन ऑटोबायोग्राफी, न्यूयॉर्क : सीमन और स्वस्टर, 1982
- विलियम्स, जुआन, आइज ऑन द प्राइज : अमेरिकाज सिविल राइट्स ईयर्स 1954-65, न्यूयॉर्क : वाइकिंग पेंगुइन, 1987
- यंग, एंड्रयू, एन. इजी बर्डेन : द सिविल राइट्स मूवमेंट एंड द ट्रांसफॉर्मेशन ऑफ अमेरिका, न्यूयॉर्क : हार्पर कॉलिंस, 1996

□

संदर्भ पत्रिकाएँ

- अटैक ऑन द कॉन्शियस : टाइम, 18 फरवरी, 1957, पृष्ठ 17
- बैरेट, जॉर्ज, जिम क्रो, ही इज रियल टायर्ड, न्यूयॉर्क टाइम्स, 2 मार्च, 1957, पृष्ठ 11
- ब्लैक पॉकेटबुक पावर, टाइम, 1 मार्च, 1968, पृष्ठ 17
- कोस, इलीस, बैक ऑन द ब्रीज, न्यूजवीक, 8 अगस्त, 2005, पृष्ठ 30
- इंटीग्रेशन : फुल स्केल एसोल्ट, न्यूजवीक, 29 फरवरी, 1960, पृष्ठ 25
- मेन ऑफ द ईयर, नेवर एगेन हेयर ही वॉज, टाइम, 3 जनवरी, 1964, पृष्ठ 15
- रॉल्फ, जेम्स जूनियर, डॉ. किंग एंड द शिकागो फ्रीडम मूवमेंट, अमेरिकन वीजन्स, अगस्त-सितंबर 1964, पृष्ठ 30
- रोआन, जॉन, डॉ. किंग्स डिनर, अमेरिकन हेरीटेज, फरवरी 2000, पृष्ठ 8
- स्टोन, चक, सेल्या टू मोंटगोमरी, नेशनल जियोग्राफिक, फरवरी 2000, पृष्ठ 98
- अप फ्रॉम जिम क्रो, न्यूजवीक, 18 सितंबर, 2000, पृष्ठ 42
- वेनराइट, लॉडोन, मार्टर ऑफ द सिट इंस, लाइफ, 7 नवंबर, 1960, पृष्ठ 123
- वीजनवर्गर, स्टीवन, ब्लडी संडे, साउथ-वेस्ट रिव्यू, 2005, पृष्ठ 175
- विलकिंस, रोजर, बेंजामिन मेज, नेशन, 21 जुलाई, 2003, पृष्ठ 28

□□□